Women Rowing North

Navigating Life's Currents and Flourishing As We Age

人生下半场最重要的事

[美] 玛丽 · 皮弗（Mary Pipher）—— 著　葛雪蕾 —— 译

中信出版集团 | 北京

图书在版编目（CIP）数据

人生下半场最重要的事 /(美)玛丽·皮弗著；葛雪蕾译. —北京：中信出版社，2022.5（2023.12重印）

书名原文：Women Rowing North：Navigating Life's Currents and Flourishing As We Age

ISBN 978-7-5217-3641-0

Ⅰ. ①人… Ⅱ. ①玛… ②葛… Ⅲ. ①女性－人生哲学－通俗读物 Ⅳ. ① B821-49

中国版本图书馆 CIP 数据核字 (2021) 第 216605 号

人生下半场最重要的事

著者：　[美]玛丽·皮弗

译者：　葛雪蕾

出版发行：中信出版集团股份有限公司

（北京市朝阳区惠新东街甲 4 号富盛大厦 2 座　邮编　100029）

承印者：嘉业印刷（天津）有限公司

开本：880mm×1230mm　1/32　　印张：7.75　　字数：180 千字

版次：2022 年 5 月第 1 版　　印次：2023 年12月第 2 次印刷

京权图字：01–2020–0730　　书号：ISBN 978–7–5217–3641–0

定价：58.00 元

服务热线：400–600–8099

投稿邮箱：author@citicpub.com

致所有陪伴我沿时光之河前行的女性

目录

001 导言

第一部分

变老的挑战

013 第一章 找到人生新的意义和目标

025 第二章 老年歧视是比变老更严峻的挑战

035 第三章 健康处方：营养、锻炼和人际关系

050 第四章 关于死亡的认识

057 第五章 好的陪护：与疾病共处，是我们逃不开的命运

065 第六章 摆脱哀伤：如何面对至亲之人的离世

078 第七章 老后的独居

第二部分

自由度过老年阶段必需的条件

093 第八章 走出任何你不想待的房间

103 第九章 确立生活中的优先重点

115 第十章 给疼痛和压力打分

127 第十一章 联结感：绝望情绪的解药

138 第十二章 我们无法改变过去，但可以让自己的故事反转

150 第十三章 感恩是一种有益健康的习惯

第三部分

人生下半场的同行者

165 第十四章
珍贵的女性友谊：倾听、诉说和共情

174 第十五章
珍惜那个陪你到最后的人

184 第十六章
家庭是条救生船

195 第十七章
帮我们赶走孤独、重返青春的孙辈

第四部分

成功走向多段式人生

211 第十八章
光彩照人的真实自我

221 第十九章
与过去和解

231 第二十章
精心安排的幸福

241 致谢

导　言

“实现快乐所需的一切都在我的双耳之间。”

——简・贾维斯（Jane Jarvis）

《人生下半场最重要的事》的主题是女性在从中年向老年过渡时面临的特殊问题。这个人生阶段蕴含着种种危险和乐趣，但核心忧虑是：如何对我们面临的挑战做出坚韧回应，如何实现成功的老化。[①]坚

① 成功的老化（successful aging）是发展心理学中的概念，是指在老年阶段，老人能快乐、满足、幸福地度过老化这个时期，在生理、心理和社会等方面都感到相对适应。而不成功的老化，指老人在老化的过程中感受到的是不幸福、不快乐、不满足，老化的过程中充满了不适应、充满了痛苦和悲凉，在生理、心理和社会等方面更多感受到的是矛盾、冲突和不适应感。德国发展心理学家保罗・巴尔特斯认为，对于老年人而言，成功的老化主要涉及了三个要素：第一，选择。老年人的主要特征就是身体机能的衰弱、心理机能的老化以及社会地位的丧失，因此，老年人应当正确面对现实，承认自己的缺失和不足。相应地，老年人应当减少自己的工作和活动范围，不要追求面面俱到，而应当有所取舍，这样才能集中精力更好地完成自己喜爱的事情。第二，最适应化。与选择相适应，老年人应当把精力集中在几个主要的兴趣领域之中，通过更多的实践，应用更多新的技巧和方法，把事情做得更好。第三，补偿。当与周围环境的要求出现距离时，老年人应当通过多种方式进行补偿，增加自己的知识和能力，以便适应社会的要求。——编者注

韧要靠专注和意志来造就。我们可以对自己的态度负责，专注于自己的优势。我们可以关注内心，直面真相。我们可以学习让自己适应一切的技巧。是的，一切。

在人生的每个新阶段，我们都要拓展之前的阶段对我们有效的策略。我们的挑战越来越多，如果不成长，就会每况愈下。那种成长是质的成长。我们会变得更有深度，对自己和他人更友善，更能感受到幸福。

当我们变老的时候，我们会清楚地发现自己并不总是掌握着控制权，但好在我们有选择的权利。这些选择决定了我们是前进还是倒退。

有些幸运儿似乎天生阳光，但对我们大多数人来说，快乐并非唾手可得。我对快乐的了解源于在人生中与悲伤和焦虑作斗争的经历。

我知道怎样关心别人并且做个好人，但我用了一辈子时间才学会关心自己。我们这个家族出现过精神错乱、抑郁、酗酒和自杀的人。少女时代，我缺少父母的陪伴，成了一个过度负责、超级警惕的姐姐，但我在这个过程中有所领悟。当我忧伤时，我知道怎样帮助自己。我多了些冷静，少了些被动。我还是会有不顺心的日子，而且需要时常提醒自己活在当下，要有感恩之心，但我处在一个充满希望的过程中，是这个过程而不是完美的结果令我感到快乐。

要想在这个关口感到快乐，我们必须改变思考和行为的方式——放开过去，拥抱新生活，理性应对损失，用心感受幸福。

在这个人生阶段，我们失去了长期以来自身的一些特点，但我们增添了新的特点，其他许多特点也有所拓展。我们学会了在放弃某些责任与承担更适宜的新责任之间达到平衡。但愿我们能对自己更温柔和善一些。

我的关注重点是像我一样处在变化关头的女性。我今年将满70岁。年过60岁和年过70岁的女性正在跨越一道界线，而一切有意思的事情往往都在这道界线上发生。

当然，女性可能会在不同年龄感到自己处于这道界线上。实际上，年龄不如健康状况重要。在21世纪，女性往往年过六旬还觉得自己处于中年。除非我们遭遇严重的健康危机或者失去某个深爱的人，否则我们仍然觉得自己很年轻。

发展心理学家伯尼斯·钮加滕（Bernice Neugarten）这样区分年轻老龄与老年老龄：只要我们能随心所欲地做大多数事情，就处于年轻老龄；当我们的健康状况从根本上改变我们的生活方式时，就进入了老年老龄。然而，我自身的经验是，我们许多人处于这两个类别之间。我们有各种各样的健康问题，比如视力减退或者关节炎，同时我们在很大程度上仍然像一直以来那样生活，只不过要做一些调整。

人类学家玛丽·凯瑟琳·贝特森（Mary Catherine Bateson）证明，“二战”后出生人口的寿命延长了，大多数人有可能活到80岁或者90岁以上。她建议我们把后面这几十年称为第二个成年期。

这本书里记录了许多我个人的经验。我是女儿，是姐姐，是妻子，是母亲，是祖母，是我患有失智症的妹妹的陪护者。我目睹了双亲的离世，在五个孙辈降临人世那天把他们抱在怀里。

我是主要与女性打交道的心理治疗师。我的研究重点是女性。我在内布拉斯加大学讲授过女性心理学以及性别角色与性别。我的整个职业生涯都把女性作为写作和讲座的主题。

我以专门研究发展心理学和创伤的文化人类学家和临床心理学家的身份写作。在1994年出版的《复活的奥菲莉亚》（*Reviving Ophelia*：*Saving the Selves of Adolescent Girls*）中，我写的是少女；

在《人生下半场最重要的事》中，我思考的是老年女性。这两个人生阶段都是河流中的急转弯，需要我们拓展身份特性。

如同《复活的奥菲莉亚》，本书从女性视角探索了一个特定的人生阶段，揭示了女性生活的现实，也许并不主流，但比大多数美国故事要复杂得多，热情得多，迷人得多。

说到老年女性是什么样的人，我们的文化展现了一个厌女的版本。我们要同时面对年龄歧视和与性别有关的挑战。随着我们变老，我们的身体、性征和头脑都会出现退化。社会上存在许多对老年女性的负面刻板印象，比如爱管闲事、专横跋扈、为人苛刻、碍手碍脚。《人生下半场最重要的事》开启了关于我们的复杂性、挑战和天赋的新对话。

与社会上的刻板印象相反，许多老年女性非常快乐。布鲁金斯学会（Brookings Institute）2014年的一项关于快乐与年龄的研究发现，人在20多岁、30多岁和40岁出头的时候最不快乐，而随着年纪渐长，会逐渐开始懂得珍惜生活。具体来说，大多数女性在55岁之后越来越快乐，而她们快乐的巅峰是接近生命终点的时候。

加利福尼亚大学圣迭戈分校的迪利普·杰斯特（Dilip Jeste）2016年发现，随着人变老，总体的满足、快乐和幸福程度会提高，焦虑、抑郁和紧张程度会降低。人越是年长，精神健康状况往往就越好。女性的快乐评分始终高于男性。英国最近的人口普查数据显示，最快乐的人是65~79岁的女性。

关于女性的状况为何好于男性，存在多种理论。一种说法是女性往往比较健康和活跃。我们更有可能与家人和朋友形成亲密关系。我们知道怎样展开推心置腹的对话，讨论我们最深邃的情感，并与别人讨论他们的心事。我们可能有一位长期伴侣，往往还有相交数十年的朋友帮助我们。

我今年的经历生动地体现了老年女性的快乐。我把休闲中心从任教多年的大学更换到了一家面向老年人的健身房。我发现更衣室的氛围大不相同。在大学里，年轻女性大多紧张而不快乐。她们经常在电话里或者与她们的健身伙伴谈论体重、财务、学术和人际问题。差不多所有人都在脱衣服时躬身屈膝，掩藏自己的身体。除了偶尔关于周末或者学校放假的快乐交谈之外，她们的对话通常都令人沮丧。

而在新健身房的更衣室，我们老年女性大大方方地赤裸着身体，或者身穿舒适的内衣及泳衣走来走去。我们的身体肌肉松弛，布满生长纹、皱褶和橘皮组织，但我们在乎吗？不太在乎。

老年女性也会谈到自己的麻烦，比如关于健康问题的对话。不过，大多数情况下，我们讨论的是家人、旅行、书籍、电影和兴趣。我们喜欢开玩笑，有一天我听到一个女人说："你越善待他们，他们就维持得越久。"另一个女人问："你说的是谁？"然后其余人纷纷回答："你的膝盖。""你的银行账户。""你的泳衣。""你的丈夫。"

基因和外部环境都不能决定我们快乐与否。快乐取决于我们怎样应对自己的处境。

我们都会经受痛苦，但并非都会因此而成长。不是所有老年女性都会成为长者。成功应对我们的发展挑战并非易事。我们不付出努力就无法成为最有智慧的自己。成长需要我们熟练地换位思考、管理情绪、形成积极叙事和构建亲密关系。我们要练习把喜悦、感恩和意义纳入每一天的技巧。通过汲取这些经验，我们可以培养情绪弹性。

我们具备以幽默、对他人的关心和感恩之心在生活中构建快乐的能力。当然，我们不可能随时随地都能做到。那样的自我期许会让我们发疯。然而，我们可以强化自己以积极的态度做出回应的习惯。

关键是要分清，怎样是选择充满爱和欢乐的生活，怎样是过着拒绝面对现实的生活。前者将我们引向喜悦，后者则引向情感的死亡。心理治疗师的工作让我了解到，隐藏、拒绝和逃避无一例外地会引来麻烦。只有看得清，才能往前走。

当我们失去至亲至爱或者得知自己的健康状况在恶化时，自然而然的反应是彻底绝望。我们很可能会恐惧、麻木，不知道自己能否活下去。随着我们从震惊状态中脱离出来，还会产生其他痛苦的情绪。但我们不受伤就无法痊愈。在一段时间内，痛苦才能治愈痛苦。

我不建议控制情绪，但要关注这些情绪，它们传递的信息是康复的关键。我们需要充分体验情绪，才能逐步走向痊愈和希望。

我们之所以能由衷地珍惜生命并且享受时光，原因之一是我们往日的绝望。事实上，它作为成长的跳板具有重大价值。有一种古老而普遍存在的循环，包含创伤、绝望、挣扎、适应和化解。这是一个不断深化的循环，让我们为接下来出现的所有情况做好准备。它让我们对别人敞开心扉，帮助我们对所有微不足道的乐趣心存感激。

我的榜样不是逃避现实的女性，而是爱丽丝·保罗（Alice Paul）、蒂莉·奥尔森（Tillie Olsen）和格蕾斯·博格斯（Grace Boggs）这样的社会活动家。她们能看清现实并着手加以改善。我一直很钦佩多面天才玛格丽特·富勒。19世纪初，她为节育和女性权益奔走呼吁。她既是为了造福女性，也是为了最大限度地享受自己的生活。

让我们都去争取看到、听到和感受到一切的自由。那并不意味着我们冲动行事。它意味着我们要像玛格丽特·富勒那样，具备直面真相，并据此打造快乐的坚韧精神。

我们在这个人生阶段的旅程可能是美好的，但也是艰难的。老去始终伴随着失去。最终，我们会以某种方式向我们爱的所有人告别。在六七十岁的时候，我们很可能看病多于听音乐会，出席葬礼多于参加婚礼。通过这个河段需要柔韧性，需要容忍那些不确定，需要接受新风景，需要以积极的方式化解所有悲伤。

老年女性最需要航行技巧，但我们也具备获得这些技巧的丰富经验。我们饱经风霜，能以长远眼光看待人生旅程。我们能为自己制造和经历的情绪状况承担责任。

在这个发展阶段，我们既会感受人生中最深切的一些悲哀，又会享受幸福的瞬间。在父母去世前后，我们可能会迎来第一个孙辈。虽然我们可能有限制行动能力的健康问题，但我们仍然能欣赏一首巴赫的协奏曲，为前来探望的女儿准备一顿晚餐，以及在海滨或草原上看夕阳。

如果我们做出明智选择并且培养本书中讨论的技巧，就会快速成长。让我们把增强好奇心、减少担忧、增强自我意识、减少被动性作为目标。我们可以学着接纳一切，所有的一切。无论我们有着怎样的人生境遇和与生俱来的人性弱点，都可以找到平静、快乐和智慧。

《人生下半场最重要的事》为我们有可能达到的焕发生机的状态提供了指南。它探索了当我们在这个发展阶段航行时，是什么维系、激励和充实着我们。这个时期给了我们实现情感、社会和精神发展的机会。也许本书的核心经验只不过是“一切都可行”。

本书兼具描述性和指导性。我将在这本书中分享自己作为心理治疗师在毕生工作中对成长的了解。我通过访谈和故事讲述了这个发展阶段女性的诸多观点。这不是一本“行动”指南，我希望它是一本“思考”指南。

我访谈的女性来自全美各地，有着多种教育、经济和文化背景。我没有按照种族区分女性，但拉美裔、亚裔、白种、非洲裔和美国原住民女性都讲述了自己的故事。这些女性应对的问题和应对方式的好坏各不相同。有些人悲伤到无法自拔，还有些人深谙保持活力之道。但是，所有人都努力应对这个人生阶段面临的挑战。她们都竭尽全力做到快乐、健康。

除了应几位女性要求我使用了她们的真实姓名，其他接受访谈的女性我都用了化名。为了保护隐私，我把一些故事糅合在一起，并且修改了细节。我在本书中讲述了许多女性的故事，不过我持续关注的重点是四位女性——薇洛、克斯特蕾尔、埃玛和西尔维娅。

我也收录了自己的许多故事和反思。我认为自己是个典型的老年女性。我是中产阶级，住在美国中部一个中等规模的大学城里。我基本健康，但丧失了某些机能。我有各种情绪、不足，我会经常自我批评，而且我到死都会努力完善自己。

我们这个年龄的女性有着不同的文化背景、职业、社会经济地位和性偏好。我们当中有人是全天候的陪护者，也有人无须承担这种责任。我们享有的资源（比如，住在附近的家人、人生伴侣、亲近的朋友以及安全和关系紧密的社区）各不相同。我认识的女性有些未老先衰，还有些准备再来一次大冒险，比如我75岁的朋友——洛杉矶的黛比。我们遭受的情感和生理痛苦不同，我们展现的坚韧程度也不同。有些女性似乎难以振作，还有些则从不长时间低迷。

我们大多数人居于这两个极端之间。我们有时坚韧，但有些时候做不到。我们能迅速摆脱某种压力，但在另一种压力之下难以恢复元气。

没有一位女性能代表我们所有人。有的有伴侣，有的单身；有的健康，有的病弱；有的惬意，有的痛苦。在65~69岁的女性当中，有30%的人在工作。本书只不过稍稍探究了一下这个人生阶段女性的丰富性和多样性。

《人生下半场最重要的事》第一部分讨论了变老的挑战，其中包括老年歧视、外貌歧视、身体的衰弱、失去和孤独。第二部分探讨了我们在这一阶段所必需的人生智慧，包括自我了解、巧妙的选择、群体建设、掌控我们的叙事以及怀有感恩之心。我强调“有用”的重要性。芭芭拉·金索沃（Barbara Kingsolver）[①]说得最到位：“快乐的人发现自己像趁手的工具一样有用。”第三部分带读者关注长期亲密关系。无论我们是否有家庭，都需要在生活中与他人相互依存。我们的成长取决于互动：孤独闭塞往往会以最快的速度让人陷入停滞。第四部分探索了这个人生阶段的回报，包括真实、扩大视角和幸福。

在这个人生阶段，我们“击桨”前行，而不是“航行”或“漂流”，因为在走向冬天和冰雪王国时，我们要想不偏离路线，就必须付出努力、选择积极态度、保持强烈的方向感。

我觉得自己很幸运，有一个女友圈，我们每年都要聚在一起去野营旅行，已经坚持了30年。我们都在上班，所以会聊聊工作、老板、同事和性骚扰。我们中的有些人带着孩子，所以我们会谈论母乳喂养、长牙和如厕训练，我们也会抱怨自己的丈夫。后来，我们对学校教育和叛逆的青少年颇有怨言。孩子离家上大学时，我们哭泣和担忧。我们共同度过了坏脾气的更年期，有过几次不太开心的野营。我们帮助彼此渡过父母去世的难关。如今，变老成了我们的重大话题。

---

① 美国当代著名作家。——编者注

我们在普拉特河畔度过了许多个日夜。普拉特河是一条浅浅的辫状河，蜿蜒流过内布拉斯加州，以“极宽极浅”著称。不过，它并不总是很浅。春天，在落基山融化雪水的补充下，普拉特河一路奔涌，冰凌在湍急的水流中相互碰撞。夏天，雨水丰沛时，普拉特河会成为一个混浊的深水潭。

如同其他任何旅行，每个新的日子都会带给我们惊喜和危险，考验我们的勇气、才智和决心。我们遇到过浅滩和横木阻隔，也欣赏过接骨木花盛开、绚烂的日落和大雁鸣叫。

多年来，我和朋友们发现了许多空旷荒凉的地方。每当我们迷路或者事情出了岔子的时候，总有一个人会提醒大家：“记住荒野求生的第一法则：不要恐惧。”

当我们沿着自己的时光之河行进时，这是一条需要牢记的好法则。如果我们临危不乱、思路清晰、巧妙掌控我们的情绪，就会体验到人生中的愉快时光。如果我们细致规划、准备好行李，如果我们有好用的地图和向导，那么这次旅行可能就会妙不可言。

第一部分

变 老 的 挑 战

第一章
找到人生新的意义和目标

"没有走到老年，你只会认为老年是无趣的，是陌生国度，有着年轻人乃至中年人都不懂的语言。"

——梅·萨藤（May Sarton）

"生命的意义归根结底是生活，勇往直前、无所畏惧地追求更新和更丰富的体验。"

——埃莉诺·罗斯福（Eleanor Roosevelt）

许多事情一生一遇。我1947年出生在密苏里州的欧扎克斯，父母"二战"期间在海军服役，当时刚刚归来，这使我处在了婴儿潮一代的开端位置。我在内布拉斯加州的比弗市长大，母亲是医生。我是一个大家庭里的老大。我们生活在城郊，我整天在比弗溪边看书、玩耍。

青少年时期，我是个不善社交的腼腆姑娘。我去卫理公会教堂，在那里诚心诚意地签字承诺绝不饮酒、骂人、抽烟或者搞婚外性行为。我用自己的红色录音机播放《亚瑟王》（*Camelot*）、《南太平洋》(*South Pacific*)和《花鼓歌》(*Flower Drum Song*)之类的百老汇音乐剧。后来，上高中时，我听戴夫·布鲁贝克(Dave Brubeck)和斯坦·盖茨(Stan Getz)，渴望有朝一日可以永远逃离中西部。

高中毕业后，我就读于加利福尼亚大学伯克利分校，当时该校是自由的灯塔，可以展开各种探索。我弟弟住在旧金山，我们在金门公园、菲尔莫尔礼堂和阿瓦隆剧院听感恩而死乐队(Grateful Dead)和詹尼斯·乔普林(Janis Joplin)的演唱。我研究塔罗牌、占星和苏非派，我还学做手工格兰诺拉麦片和酸奶。毕业时，我已经违背了在卫理公会教堂签下的所有承诺。

此后，我作为心理学研究生，作为幼儿的母亲，作为心理学家，作为音乐家吉姆的妻子，有过其他一生一遇的经历，都是在内布拉斯加州。我做过心理治疗师、作家和演说家。在过去的17年里，我无比荣幸地升级为祖母辈，五个孙辈都住在附近。

这些生活之间存在连续性。我一直喜欢有家人和密友相伴，去户外、长途旅行、游泳、仰望天空。从年轻时起，我就通过看书获得慰藉，我一直喜欢照顾人和动物。

不过，我也能看到严重的不连续性。我基本不记得那个有蕾丝娃娃装睡衣、跳扭摆舞、诵读白色皮面《圣经》之后关灯听科马(KOMA)[①]的小姑娘了。那个东挪西凑、借来200美元买一套出庭作证时穿的条纹西装的心理学家就像陌生人。这些早期经历似乎发生在别人身上。

我们许多人在20世纪50年代是儿童，在60年代是青少年，在“越战”最激烈的时期上大学。如今，我们处在新世纪和新的人生

---

① 美国俄克拉何马州俄克拉何马市的一个广播电台。——编者注

阶段，知道包括我们自己在内的万事万物是多么脆弱。

宇宙间唯一长存的是变化。对于我们的人生，我们唯一可以预知的就是它不可预知。在这个人生阶段，我们会饱受内部和外部危机的困扰。

当转变发生和身份特性改变时，我们面临的严峻挑战之一是找到人生新的意义和目标。这听起来简单，实际却并不容易。正如我当医生的弟弟约翰由于健康原因退休时所说的那样："你没法直接出门买1磅[①]目标。"约翰说得太对了。当我们选择做什么、如何帮忙以及怎样解读事件时，我们就建构了意义。

当然，我们不需要每天都过得很有意义。有些日子，我们可能就是想睡懒觉、约见朋友或者看电影。这是个平衡和对比的问题。当我们知道如何在生活中劳逸结合时，我们会做到最好。

从某些意义上讲，女性比男性运气好，因为熟悉的职责使我们的人生井井有条。我们不断做家务、照顾家人、约见朋友。我们许多人经历了玛格丽特·米德（Margaret Mead）[②]所说的绝经后潮热[③]。不过，要应对这个人生阶段的挑战，我们必须培养新习惯，无论何时开始都不晚。事实上，我们再年轻一点还真学不会。

随着我们变老，我们的身体和人际关系发生了变化，而且变化速度在加快。到了70岁，我们不太可能再像50多岁时那样工作和生活。昨天奏效的东西，明天就不再管用了。

变化的过程可能是逐步的，但我们对它的领悟却是突然的。阿

---

① 1磅约合0.45千克。——编者注

② 美国人类学家，美国现代人类学成形过程中最重要的学者之一，先后提出文化决定论、三喻文化理论和代沟理论，被誉为人类学之母。——编者注

③ 指女性绝经后，体内由于雌激素水平发生波动，出现的潮热出汗症状。——编者注

娃的转折点出现在她购买芝加哥美术馆的门票时，售票处的小伙子问她要不要买老年折扣票。那可不是男性对阿娃的惯常反应。她是个身材凹凸有致的褐发美女，总能吸引男性。这个小伙子怎么会把她当作老年人?

当然，从某种程度上讲，她知道自己65岁了，但与此同时，她仍然觉得自己是个30多岁的美貌少妇。她丈夫以及她认识的许多男性都还这样看待她。而陌生人和新认识的人，他们看不到30多岁的阿娃。她不怀念自己走在街上时听到的起哄声，但她确实觉得男性的漠然意味着她不再有魅力。那很伤人。

小伙子的话令她大吃一惊。她伸手捂住胸口，一时喘不上气来。然后，她说她要折扣票。

阿娃是个聪明的女性，知道人生的意义不光是性感和美貌，但这些是她身份特性的关键构成部分。当发现自己的魅力消退时，她感到茫然若失。阿娃告诉我："我不觉得自己平庸无奇。我不是那样的人。"

我们六七十岁时的发展视角使得我们的心灵和头脑能够达到新的开放状态。如果我们抑制对自身成长潜力的信心，那么也会抑制成长的推动力。只要抱着能力和才华可以开发的心态，我们踏足的每个地方就都会成为学校，遇到的每个人都会成为老师。这个阶段的挑战和喜悦是催化剂，我们能看到朋友脸上的爱、品尝雨水、倾听百灵鸟的歌唱。即使我们刚参加完葬礼或者因为关节炎而疼痛，我们也仍旧在成长。

坚韧不是一种固定不变的特点，我们可以像学习烹饪、开车或者做瑜伽那样掌握坚韧的技巧。成长并非必然。有些女性始终囿于最渺小的自我，被熟悉但过时的理念所包裹。还有些人的情感随着时间推移而凋萎，以麻木和自恋来应对人生的诸多沉重打击。

正如奥地利小说家玛丽·封·埃布纳-埃申巴赫（Mary von Ebner-Eschenbach）写的那样："老人要么破茧成蝶，要么变成化石。"我们都遇到过时常发牢骚的人、只谈自己的人，或者挑剔别人却没有自知之明的人。有时，我们就是这样的女性。我们都会想发脾气、忧郁悲伤、做出不明智的选择。我们会败给自己的欲望和冲动。然而，我们何时改进都不晚。

我们可以实现道德想象力[①]的成长。这种共情能力的提高源于我们自身的痛苦和我们目睹的别人遭受的痛苦。痛苦使我们更有深度，让我们更善良，也令我们更坚强。我们可以学会抵挡最汹涌的水流。我们可以成为勇者。这不仅是一种理论上的观点。我看到过这种事情发生在我的来访者、朋友和家人身上。

出版《复活的奥菲莉亚》的时候，我女儿正在上中学，我治疗的患者都是有着不同程度的痛苦、愤怒和叛逆的少女。我想探究少女在经历这个发展阶段时遇到的文化挑战。如今，我女儿40岁，我有了青春期的外孙女。作为头发花白的女性，我正在面临自己这个人生阶段的文化挑战。

正如少女不能再留在家庭的温室里一样，年轻、健康以及安全感不能再保护我们老年女性。青少年和老年人必须在社会中为自己打造一个有着新责任和新目标的位置。她们必须应对急剧变化的身体以及一整套新的期望和文化刻板印象。

当我和青春期的外孙女凯特说起这本书时，我强调每个人生阶段都是艰难的。我以十年为单位回顾自己的人生，找不到一个没有痛苦的十年。

---

① 道德想象力，是一种能够将自我经验拓展至对他人的经验，将实存的道德经验拓展至可能性的道德经验的能力。——译者注

我和凯特现在都在应对挑战。我有健康问题，经常参加朋友的葬礼。凯特之前在家上学[1]，现在刚上高中，遇到了怀有各种不同观点的学生和老师。她正在对新的音乐和文学类型产生兴趣，正在更多地了解世界和她自己。凯特是个非常热情、适应能力很强的少女，我预计她会做出明智选择。但她的日子不会好过。在她这个年龄，谁的日子都不好过。

我告诉凯特，我年轻的时候，处理人际关系比现在吃力。我不知道如何调整自己的情绪。令我发愁的事情包括找到人生的亲密伴侣、选择职业和养家糊口。我说，我现在比孩子们还处于青少年时期或者我作为作家最成功的时候更快乐。那时我才起步，总是觉得匆忙、焦虑和疲惫。

70岁的我平静多了，也自在多了，但只有回头看的时候，我的生活才显得有条不紊、目标明确。人生中的大部分时候，我都对接下来会发生什么感到困惑。运气和机会往往都是一定的。我利用当时掌握的信息做出了一个又一个选择。我不可能预料到其中许多选择的后果。

所有人生阶段都会给我们带来喜悦和痛苦。命运和环境决定了哪个阶段对特定个人来说最艰难。但是，态度和目标是这个过程中的调节因素。如果我们设法利用当前阶段所提供的奋斗机会实现成长，那么此次旅程可能就会发挥救赎作用。正如青少年必须找到指引他们的北斗星一样，我们年长者也必须始终清楚地知道，我们想要成为什么样的女性。

时光飞逝，我们的人生就像喷气式飞机留下的轨迹一样消散。

---

① 也称家庭教育或选修家庭教育（EHE），是在家里或学校以外的各种地方对学龄儿童进行教育。——编者注

我们经常处在反思和解决问题的过程中。我们提出的问题包括："现在我有时间旅行了，我想去哪里？""我最要好的朋友搬到亚利桑那州去了，那我打电话约谁看电影呢？""我的后背这么疼，怎么搬起那个30磅的鸟食箱子呢？"

与此同时，我们开始反思一些重要问题。我以前充分利用自己的时间和天赋了吗？现在呢？我以前是个有爱的人吗？现在呢？过去有人爱我吗？现在呢？

在寻找答案的同时，我们可以选择自己的态度。对我们许多人来说，苦乐参半是这个人生阶段的特点，也是促使我们成长的因素——我们可以说是生活在两者兼而有之的状态中。痛苦让我们能够共情，快乐则给予我们希望和活力。

* * *

72岁的薇洛健康时髦，有着深褐色的眼睛和卷曲的红褐色头发。她正处在公共服务领域职业生涯的巅峰。她是一对俄国移民的独生女，父母都在60多岁时去世，父亲死于中风，母亲死于心脏病。

薇洛以为自己可能也会在60多岁时死去。但具有讽刺意味的是，她的恐惧反而促进了她的健康。她从不抽烟、酗酒或吸毒。她吃健康食品，午休时间去健身。她总觉得自己比实际年龄年轻20岁。她丈夫索尔现在还总说她很漂亮，她差点就信了他的话。

早在父母去世之前，薇洛就深感人生苦短。她的父母经常谈起童年或青年时期就去世了的亲戚。她的家族里有许多人死于集体屠杀和"二战"。父亲告诉过她，犹太人是真正懂得时间神圣的民族。

不过，自我保健只能做到这个份上。索尔的动作越来越慢，而薇洛知道，她在公司做主管的时间也不会太久了。董事会将会希望由年轻人来领导，一个80岁的负责人可不利于公关。薇洛建立的人脉关系中，很多人都已去世或退休。年轻人现在正在建立很好的人脉关系，他们具有每天工作12小时的旺盛精力。

然而，薇洛只会工作。她的认同感来自成就感。她的父母每天在香烟店工作很长时间，她在学校也是这样。她废寝忘食地学习，在高中和城市学院都以第一名的成绩毕业。

从在贫民窟的童年时代起，薇洛就梦想为无家可归者或者其他弱势人群服务。她在大学里学习社会学，刚一毕业就在一个心理卫生中心找到了工作。薇洛的上司挑逗她，还在她面前表现得高高在上，但她喜欢这份工作。她很快开始管理自己的项目，不用再面对骚扰她的上司了。

大学毕业工作两年后，一定程度上是迫于家里的压力，薇洛与大学时代的男友结了婚。他很风趣，雄心勃勃，但他想生儿育女，过传统的家庭生活。他开始挣钱后，就希望薇洛放弃工作生孩子。但薇洛不想这样，他们在两年后离婚。

数年后，索尔和薇洛在索尔的旧书店相识。他们都热爱俄国文学和历史。聊了几年书之后，索尔开始与薇洛约会。他们在50多岁的时候结了婚。索尔比她的第一任丈夫独立得多，是个有教养的斯文人。这一次，薇洛明确表示工作优先。

她现在的生活正是她梦寐以求的。她和索尔住在中央公园附近一套一室一厅的公寓里。那里离她的办公室很近，像个阳光房。薇洛在父母香烟店下面的狭小地下室里长大，对她来说，奢侈的意思就是明亮宽敞。

她喜欢身穿挺括的正装，走进她位于第九十四街一幢老楼里的经理办公室。她通常早上7点就位，一直待到晚上7点。她总是开着办公室的门，知道所有患有心理疾病的来访者的名字。她在每个员工过生日时给他们带来糕点。有些来访者就像家人一样，比如无家可归的乐队指挥鲁比和以为自己是副总裁的男子迈伦。她照顾他们已有几十年。

有一次，索尔问她是否能早点回家。薇洛很生气地说："我忙完工作自然会回家的。"

索尔等了几个月，有一天晚上，他摩挲着薇洛的肩膀问道："去旅行，去享受城市的文化生活，不是挺有意思的吗？要是你不愿意退休，能不能改成上半天班？"

薇洛觉得脊背因为恐惧而颤抖。她告诉他："对我来说，退休是英语里最令人讨厌的字眼。"

根据关注点的不同，薇洛可以形容自己是快乐或者忧愁的。她可以着重强调自己现在的富足生活或者童年的贫困，她良好的健康状况或者父母的早逝，她在工作上的满足感或者丈夫要她减少工作量的热切愿望。

薇洛不能再跑上六层楼梯，也不再记得她见到的所有人的姓名。大多数日子里，她乐观而精力充沛，但有些时候，尤其是在半夜，她对未来感到恐惧。她一想到自己的无助或衰弱就受不了。

* * *

我们所有人都像薇洛一样，没法让时间停下来，但只要我们还有思考和应对的能力，就有可能凭借意志的力量来到美好的新地方。我们可以借助态度和感恩之心调整适应新的人生阶段。此外，如果我们一辈子都是坚韧的人，那我们十有八九会以巧妙的方式应对这个时期在所难免的变化。

即使是在失去挚爱的人生伴侣的情况下，大多数女性最终也能恢复过来。我的同事萨拉的丈夫去世后不久，她告诉我："我像得了神游症似的走来走去。我在演一部叫作《我的新生活》的剧。我再也不会快乐了。"

萨拉在独居的头两年里痛苦万分。她需要吃药才能入睡，感觉自己无比脆弱。她在那期间的座右铭是："如果你正在经过地狱，那就不要停下脚步。"5年后，萨拉再次开始享受生活。她居然还去约会过几次。她最近说："我学会再也不说'再也不会'了。"

没有经历过痛苦的人会经受不起痛苦。我们的深刻源自体验过多种多样的情感，其中包括刻骨铭心的悲剧，我们的强大源自本来可能会摧毁我们的东西。随着我们摆脱心碎，我们会提高对痛苦的耐受力。正如我的朋友诺拉所说的那样："莱昂娜的死让我准备好面对儿子的烧伤事故，而那又让我准备好面对姐姐将不久于人世的可怕消息。我知道人生可以多么艰难，所以我享受每个好日子。"

如果没有经受痛苦，我们就会把太多东西视作理所当然。如果对痛苦采取超脱反应，那么就没有什么是微小到不值得珍惜的。我们可以享受每颗新鲜的杏子、每个灿烂的十月天、每次探望朋友的经历。我们可以做到清醒而完整。

当然，所有这些都是说起来容易做起来难。我们都没有学会对所有问题采取超脱反应。本书提倡的不是完美，而是投身于让我们更快乐的进程。

我的前提是，这个发展阶段有一种惊人的平衡在发挥作用。我们失去得越多，同情和珍惜的能力就越强。成长需要走出悲剧，并且把它们融入我们自身的完整性。尽管我们失去了很多，但还是可以努力成为对生活倍感珍惜的女性。

这个人生阶段的重大矛盾之一是，我们不仅经历了最多的灾难，也体验了最多的幸福。我们的满足感源自接受生活的本来面目。我们可以凭借能力和信心航行，闯过这条河流中的障碍、横木阻隔和倾盆大雨。我们可以相互帮助，在时间之河中顺流而行，并且沿河探索。

2017年冬天，我清楚地意识到了别人帮助我的力量和我弄清自身需求的力量。在唐纳德·特朗普宣誓就任总统的那一周，我在新墨西哥州的幽灵牧场参加了正念导师乔安娜·梅西（Joanna Macy）的一次静修。当我们谈到自己的恐惧、悲伤和愤怒时，我们一起痛哭，也一起歌唱和舞蹈。

一个晴朗的早晨，导师鼓励我们出去散步，寻找对我们“说话”的东西。我们可以带着这件东西坐下来，认真地加以观察。之后，我们可以策划一个有关这件东西的小小仪式。

当我身穿厚棉衣，戴着手套，脚蹬远足靴，走在半冻结的红土上时，我看到了特瓦族印第安人生活了数百年的壮观的查马谷地。一条银光闪闪的河流蜿蜒穿过这个山谷，直抵幽灵牧场。山谷上方是血红色、橙色和粉红色交织的桑格雷－德克里斯托山，看起来跟乔治亚·欧姬芙（Georgia O'Keeffe）[①]画的一模一样。

两只渡鸦在干枯枝杈上发出刺耳的尖叫声，一群鹪鹩像圣诞装饰一样点缀着一棵矮松，银鲛在阳光下闪闪发光。万物都在对我说话。我继续走了一会儿，倾听自己在松脆地面上的脚步声，呼吸着纯净的山地空气，琢磨我的重要东西会是什么。

随着我走近幽灵牧场的曲径，我发现了它。我没有刻意思考就知道是它，呼吸的变化告诉了我。一条潺潺小河的高堤上，挺立着

① 美国艺术家，以半抽象半写实的手法闻名，其绘画作品是20世纪20年代美国艺术的经典代表。——编者注

一棵长满鲜黄色果实和尖刺的巨大多刺仙人掌。它浅绿色的枝干像湿婆的手臂一样伸向四面八方。它很老了，有些枝干已经变黑枯萎。与此同时，一些深紫色的新枝干正在长出来。那恰恰是我对自己的感觉。天真的高中女生、新生儿的年轻母亲，甚至能滑冰和越野的那个女人全都消失了。不过，我还能感到自己在经历新的丰富成长。

我在这棵饱经风霜的仙人掌旁冰冷的地面上坐了一会儿。白云从它背后掠过并消散，新的云朵形成。我意识到，这棵有着枯萎枝干的仙人掌象征着我未来的生活。它会包括尖刺和果实、痛苦与美好。我的身体会变老，我的灵魂将会伸展。

第二章
老年歧视是比变老更严峻的挑战

“我理应过得更好——这对女性来说是个多么危险而疯狂的想法。”

——梅蕾迪丝·杜兰（Meredith Duran）

“女性也许是一个随着年龄增长而变得更加激进的群体。”

——格洛丽亚·斯泰纳姆（Gloria Steinem）

一个秋天的午后，我带着观鸟指南和望远镜坐在霍姆斯公园里。一个长着金色鬈发、头戴红色羊毛帽的小姑娘走过来，想看一眼我的书。我给她看了一些鸭子和鹅的图片，指出它们与我们能在湖面上看到的鸟类的相似之处。小姑娘很开心，当我把观鸟指南合上后，她看着我，很诚恳很好奇地问：“老太太是从哪儿来的？”很显然，她以为我们老太太是一个单独的物种！

老太太想要随时随地提醒大家，变老是所有人的宿命。我们的社会从文化上和情感上都在与老人拉开距离。当然，男性和女性都为此而苦恼，但女性可能尤其势单力薄。

美国的老年女性患有一种社会病。对我们来说，老年歧视可能是比变老更严峻的挑战。我们的性征遭到挖苦，我们的身体受到嘲笑，我们的声音被压制。我们可能觉得自己像圣诞节过去一周后的圣诞红一样没用。在看重年轻、健康和美貌的社会里，我们所有人最终都会失去这些东西。雪上加霜的是，包括女巫和婆婆在内的老年女性往往被刻画为一心要干坏事的邪恶反派。

对于老年女性的刻板印象包括：老糊涂、过度唠叨、在性方面走下坡路或者不知餍足。当我告诉朋友们，我在写一本关于老年女性的书时，她们往往会愤怒地回应道："我不老。"在我们的文化中，"老"就像"胖"或"脏"一样，是个贬义词。当女性说"我不老"的时候，她们的意思是说"我不接受这种文化贴在我身上的标签"。

电视、电影、时装和广告很少反映老年女性的需求和处境。媒体多样性和社会变革研究学会（Media Diversity and Social Change Initiative）与哈门那公司（Humana）在2017年2月联合展开的研究发现，从2014年到2016年，只有不到12%的奥斯卡获奖影片中出现过年长者。此外，这些年长者中几乎没有女性。吉娜·戴维斯媒体性别研究所（Greena Davis Institute on Gender in Media）说，在家庭影片中，男性角色与女性角色的比例是3∶1。除了一些引人注目的例外，40岁以上的女性在好莱坞影片中难觅踪迹。

无论女性多大年纪，大家都要求她们看起来年轻苗条。我们年纪越大，达到这种完美标准的难度就越大。与此同时，在这种文化中，我们的许多优势（比如陪护、情绪处理、调解和与他人沟通的能力）得不到认可。

我最近认识了一位在出版界工作的同龄美女罗莎。罗莎告诉我，她不想把头发染成棕色，但有人告诫她，为了保住工作，她必须打扮得年轻点儿。许多老年女性感受过“打扮得年轻点儿”的巨大压力，经常会考虑做整形手术。但是，无论我们做与不做，都很要命。

如果我们不做整形手术，可能就会失去工作或者伴侣。而如果我们接受整形手术，但效果不佳，那我们会越发感到自己没有魅力。我们可能会受到挖苦。即使手术顺利，大多数女性也会对整形手术讳莫如深。她们不希望因人为改变相貌或试图显得更年轻而被人评头论足。

老年女性有时在别人心目中是无能的。我75岁的表姐还在做全职工作，她在收银台排队付账的时候，收银员凑过来帮忙，告诉她应该从钱包里掏出哪儿张钱。我表姐说，对于这个荒诞场面，她既想哈哈大笑，又想放声大哭，更想告诉收银员，自己还会付款。

还有一种不愉快的经历是，大家用复数人称对我们说话，比如“亲爱的，咱们现在要穿外套吗”或者“咱们早饭吃什么呢”。哈哈。这样用“咱们”是在把成年人当幼儿对待，会让有些人抓狂。

大众对老年人行为的解释往往与对年轻人行为的解释明显不同。例如，如果一位老年女性出了小型交通事故或者被开了一张超速罚单，原因可能会被归结为她老了。毫无疑问，总有些人开车技术不好，而且这可能是任何人都会遭遇的事故。如果年轻女性出现这种情况，大家会认为她太着急了，或者是运气不好，又或者会毫不在意地说一句：“谁都有出错的时候。”

这些不公平判断可能与财务有关。如果我们透支或者收支不平衡，恐怕免不了有人对我们的理财能力说三道四。当我们老了，迷路、忘记关煤气和摔跤会有不同的含义。

不久前，一个20多岁的朋友过来和我一起栽种蝶乳草。我们干活的时候聊得不错，我对这次见面很满意。不过，那是在我进屋照镜子之前。照镜子之后，我看到自己衬衫上有番茄酱，顿时感到很懊恼，想着我的年轻朋友会不会觉得我越来越糊涂了。如果我年轻点儿，根本不会有那样的想法。

随着我们变老，我们还要经历可能会削弱自信心的角色反转。年轻人有声望，有优势。我们的主管、医生和律师有时比我们年轻几十岁。我们的成年子女也越来越强势，许多情况下，他们不想听取我们的建议和意见。这不是任何人的错，但它通过可能令人困惑和痛苦的方式改变了权力关系。

如果我们不小心，就可能会将负面信息内化，对我们的身体、皱纹和分配给我们的角色感到羞耻。我们可能会很难做到重视自己，甚至会对自身和其他老年女性发表贬损性评论。负面文化脚本可能会变成自我实现的预言，如果有人说我们毫无价值，我们可能就会变得毫无价值。如果有人说我们没有能力过上丰富而愉快的生活，我们可能就会无法为自己打造这样的生活。

年轻人不理解老年人，因为他们从未变老过。当我们年老的时候，我们有作为儿童、青少年、青年和中年人的记忆。我们的亲身经历构成了我们共情和谅解的基础。年轻人对60岁老人的经历没有体会，他们不能充分想象我们感知的现实。

2012年，耶鲁大学公共卫生学院研究了脸书群组当中对老年人的负面社会评价。他们发现，在20~29岁的年龄群体当中，有75%的参与者贬低老年人。这项研究详细探讨了他们所谓“憎老症”及其对社会政策的影响。当然，老年歧视归根结底是对一个人未来自我的偏见。

玛格丽特·米德说，理想社会是容得下所有人类天赋的社会。但我们的文化脚本没有为变老的女性留出太大空间。

并非每种文化都是如此。当移民和难民来到我们的国家时，有些人在私立养老院和辅助生活机构找到了工作。他们往往对老人在这里的待遇感到惊讶。这些新来者大多来自老人接受家庭和部族照顾的地方。

在世界各地，当国家实现工业化时，父母与子女的关系会迅速改变。在泰国，农村青年抛下老人，进城工作。泰国历史上首次出现了老无所依的情况。日本具有子女与年老父母同住并照顾父母的悠久传统，但由于成年男女都要加班加点地工作，而且生活在拥挤城市的小公寓里，所以这种情况也正在发生变化。日本青年没有与父母同住的空间，也没有照料他们的时间。如今这在日本已经演变为一种危机。

在我们的文化中，没有合适的语言可以用来谈论代际关系。我们对独立性和依赖性的看法促使我们以一种非此即彼的方式看待世界。老年女性害怕依赖别人，孩子则想要独立。这些概念都没有反映现实。事实上，我们无时无刻不是相互依赖的。

如果我们能把自己与他人的关系视作相互依赖的，大家都在照顾别人的同时又被别人照顾，那么我们就可以重新审视老年人与年轻人之间的互动。年轻人会更珍惜我们给予的一切，老年人会认为自己属于一个关怀周期，这个周期的起点是我们最年长的在世的亲戚，终点是最年幼的婴儿。

许多年长者几乎与年轻人毫无接触，反之亦然。这对个人、家庭和整个文化来说都是很遗憾的。当几辈人之间有互动时，文化往往会繁荣发展。不同年龄群体会相互启发和激励。如果我们互联互通，我们就会重视彼此的天赋。否则，我们会基于我们文化当中无处不在的刻板故事形成自己的偏见。

与年龄相关的隔绝情况存在明显的例外，许多老人有年轻朋友。有些人并不歧视老人。我们经常遇到年轻人挺身而出，主动帮忙。我最近去芝加哥的时候，飞机上有年轻人主动提出帮我把手提行李箱放进头顶的行李舱，后来又主动提出帮我取下来。在进城的拥挤列车上，有个少年马上给我让了座。我走一段长长的楼梯前往酒店大堂时，一位年轻女子主动提出帮我把行李箱拎上楼梯。这种对老人的善意和尊重总是让我热泪盈眶。

许多老年女性说，她们购物、工作、做义工或者健身的时候，年轻人根本注意不到她们。一位律师朋友告诉我，她排队或者点餐时，年轻人往往会越过她，径直走到柜台前。如果她和丈夫一起购买电器、家具或者汽车，销售人员只对她丈夫说话。她说："我现在是隐形的。我可以脱光衣服穿过法院大楼，或许都没人注意到我。"

顺便说一句，隐形并不总是令人不快，它有时可能会让人解脱。没人注意我们的时候，我们可以为所欲为。我们可以成为周遭形势的敏锐观察者。因为隐形，我们可以不必过多地为外貌或得体行为而操心。我们可以没头脑、古怪、行事随意。如果我们不是在工作，就不必为事业成功而精心打扮。正如丹佛的埃玛所说的那样："我这些年就没买过裤子。"

如果我们愿意，可以一直穿运动裤和T恤衫。我们可以放弃不想参加的活动。尽管隐形有时对我们有利，但老年歧视绝对不是，尤其是当我们自己怀有这种歧视的时候。

我在苏珊娜工作的医院的自助餐厅与她面谈。她是个高挑而瘦削的女性，身穿姜黄色套装和同色鞋子。我们在同一个社区住了多年，但这是我们第一次见面。我之前听到有人说她是"最自信的女性"，是"天生的领导者"。苏珊娜有着友善的微笑，做事干脆利落。

我们直奔主题，开始讨论刻板印象。苏珊娜说，她曾在一个行政团队工作过，是那个团体里最年长的女性。她发现自己在隐瞒年龄，并且暗示同事她和他们一样年轻。她说："我想掌控自己的年龄。如果我透露了实际年龄，就会惹来一大堆麻烦。"

她承认，尽管她已经69岁，但仍然对老年女性抱有年轻人那样的负面看法。当她在讣告里看到有人在69岁或者70岁去世时，她就会想："哦，至少他们老了。"但是，她随后会意识到："不，等等。该死，我就是这个岁数啊。我还不想死呢。"

苏珊娜提到，过去的几个月以来，她在大型会议上做展示时感觉不那么自信了。她不知道自己能否像从前那样声音洪亮或者表现得充满活力。她戏谑地注视着我说："我这样想是不是疯了？"我们都笑了，但这不是愉快的笑。

她双手端起咖啡杯，慢慢地啜了一口。然后，她告诉我，她的工作很有意义，她喜欢工作，然而医院要求70岁强制退休。苏珊娜已经习惯了因自己的工作而得到认可，她不知道如果这种认可不复存在，她会是什么感觉。她说："我那些退了休的朋友得不到多少夸奖。我猜想他们一定是自己认可自己的。"

苏珊娜在大学里成了坚定的女权主义者。尽管她与一位名叫沃尔特的艺术家保持了数十年的恋爱关系，但她的身份特性从来不是以魅力或她与一个男性的关系为核心。她有一群好闺密，乐于参加各种活动。她笑着说："不知怎的，我总觉得变老是发生在别人身上的事。"

苏珊娜的母亲在世时，她与母亲居住的辅助生活设施[①]机构的

---

① 为残疾人提供辅导或协助、除日常生活活动的协调服务以外的设备和设施。包括卫生保健提供者和居民活动的监测，以帮助确保他们的健康和安全。援助可能包括药物和个人护理服务，由经过培训的人员提供管理、监督和帮助。——编者注

许多住户成了朋友。现在，她每个月开车去两次，带大家玩宾果游戏[①]。这种经历打破了她对老年人的刻板印象。她讲起一位时常在宾果游戏中打瞌睡的老年女性。苏珊娜本以为她老糊涂了，现在却知道，当这位女性醒着的时候，说起话来又活泼又幽默。

喝完咖啡，我们重新谈到各种刻板印象与她的想法和感受之间的严重脱节。她说："我和沃尔特刚看了一部歌曲和舞蹈都特别棒的电影，可是，几百号演员当中，没有一个老年女演员。就好像理想的世界里不该有我们这些人存在似的。"

我很赞同："那部电影里既没有皱纹，也没有蝴蝶臂。"当她挥手道别的时候，我们再次苦笑。

苏珊娜尽了最大努力应对关于歧视老年女性的文化理念。尽管她有女权主义背景、承担领导职责、从事社区工作，但还是发现即便是对她而言，对抗老年歧视也非常困难。

在《复活的奥菲莉亚》中，我为少女们书写了美国的故事。她们的真实人生比定义她们的文化脚本复杂和有趣得多。老年女性与刚步入广阔社会的青少年不同，我们已经在这个社会里生活了数十年。我们的头脑完全成熟，但即便如此，我们还是必须认清自己受到的束缚，以打破这些束缚。

梅丽德尔·勒·叙厄尔（Meridel Le Sueur）写道："生存就是抵抗。"我们有极大的自由可以挣脱镣铐，拒绝被大众文化下定义。

我最喜欢的抗拒故事出自韦尔玛·沃利斯（Velma Wallis）的作品《两个老妇人》（*Two Old Women*）。她在书中讲述了阿拉斯

---

① 是一种填写格子的游戏，宾果（Bingo）的英文含义是"猜中了"，此游戏因游戏中第一个成功者喊"Bingo"表示取胜而得名。——编者注

加州阿萨巴斯卡部族的传奇。一个寒冷的冬天，当整个部族都在挨饿的时候，两个老妇人被丢弃了。因为男性长者觉得他们不能养活干不了活的人。这两个妇人只有衣服、一个煮食物用的容器以及其中一个妇人的孙子偷偷留给她的短柄斧。她们都以为自己活不久了——老人都是这样。但其中比较年轻的那个妇人说："咱们干吗不努力活下去呢？也许咱们能行。只要试过，我死也甘心了。"

比较年长的妇人同意了，于是两个妇人自力更生，克服了饥饿、严寒和无处栖身的困境，设法徒步到达童年记忆中的一片沼泽。她们在这片沼泽边扎营、捕鱼、打野兔和松鼠。她们不仅活下来了，而且晾晒储存了许多鱼干。几个星期后，挨饿的部族碰巧来到她们的茅屋旁，这两个老妇人分享了她们的储备物资。自那以后，这两个妇人广受阿萨巴斯卡人的尊重，她们的故事被世代传颂。这是个美好的真实故事，告诉我们坚毅的女性能取得什么样的成就。

我们可以通过三种主要方式获得影响力并且为老年女性赢得尊敬。首先，我们可以教别人了解负面刻板印象和我们的真实人生之间的差距。我们可以不批评自己或其他女性，也不对变老或外貌发表负面评论。我们可以大声宣告"我不喜欢关于婆婆的笑话"或者"你刚才关于老年女性的说法跟我认识的女性根本不是一回事"。

其次，我们可以为所有年龄的女性大声疾呼，着手打造让女性在整个人生当中过上健康、积极的生活所需的制度和政策。我们可以通过签署联名信、法律诉讼和抗议的方式消除有关老年歧视的政策和行为。我们可以动笔，可以大声疾呼，也可以利用音乐、艺术和戏剧来改变别人理解我们和对待我们的方式。

最后，我们可以与所有年龄的人交谈。我们可以跟办事或者散步时遇到的任何人聊天；我们可以在看到年轻父母做得好的时候夸奖他们；我们可以赞扬餐馆或者杂货店的年轻工作人员，如果他们做得好，我们可以问："是谁教你这样做的？"

年轻女性和老年女性合作是促进相互尊重、共情和理解的绝妙方式。当我们共同行动的时候，就可以从无到有地产生影响力。倡导对我们这个人生阶段的女性加深了解，不仅对我们有利，也对未来的世世代代有利。

文化塑造我们，我们也塑造文化。在看重年轻女性之美的社会里，老年女性会随着年龄增长而丧失地位。随着身体变老，我们必须找到保持参与感和自主的方式。我们必须既呵护自己日渐衰老的身体，又教会这种文化关心我们。让我们驶入水流，击桨前行吧！

第三章

健康处方：营养、锻炼和人际关系

“对自身衰老的畏惧会导致对老人的恐惧和厌恶，而这种恐惧会自我助长。在西方社会，这种畏惧的循环已经延续了很长很长时间。”

——亚历山德拉·罗宾（Alexandra Robbin）

“我们身体衰弱、弯腰驼背、满脸皱纹、皮肤起褶、老态龙钟，布满人生中各种事件的印记。时间和重力、空气和水损耗我们，使每个人呈现出一种独特而珍贵的美，就像久经风霜的景观或者植物一样美。”

——斯蒂芬妮·苏格斯（Stephanie Sugars）

我的朋友皮娅有时有一种冲动，想把访客领进她的书房，然后说：“我年轻过。”她会给他们看自己1969年在芝加哥大学时的照片。她在花园里，被茂盛的绿树环绕，身穿迷彩衬衫，金黄色长鬈发上箍着佩斯利纹样的发带。她的两颊圆润光滑，她的双眼闪闪发光，她的嘴唇丰满红润。皮娅想让别人知道，她并不一直是现在这副头发花白、满脸皱纹、身材瘦削的样子。

当我们年近七旬的时候，骨骼、形体、视力、嗅觉和味觉，甚至牙齿都发生了变化。我们对药物的反应不同了。我们没有那么扛冻了。随着皮肤变薄，我们更容易出现瘀伤，软骨组织也退化了。我们努力保持平衡和协调，但一切似乎都在下垂和凹陷。

之前觉得自己有魅力和性感的女性往往会经历信心危机。她们现在照镜子会看到皱纹。即便她们很瘦，还是会肌肉松弛。我的一个朋友40岁后就不再穿泳装了。她说："我不想在海滩上倒别人的胃口。"另一个朋友因为颈部肌肉松垂而考虑做整形手术，但最后还是决定拿这笔钱去夏威夷度假。干得漂亮！

我们的性征发生了惊人变化。有些女性对性生活的兴趣变小了，还有些女性的性欲增强了。丽塔一直是个性欲极强的人，如今却对性已经没有多少热情。而米莉对40年的伴侣的信任使她比以往任何时候都更能放松心情地去享受性爱。疾病、孤立和孤独也会对性欲和性体验产生影响。

* * *

西尔维娅和刘易斯带着他们的两个孙辈住在得克萨斯州奥斯汀的一幢小房子里。退休前，西尔维娅是位律师助理，刘易斯是位电工，他现在仍然时常打点零工贴补家用。

西尔维娅微笑的时候，两颗门牙中间有一道缝，但她不像过去那样经常微笑了。她生性开朗，但过去的20年对她造成了伤害。她内心的笑话大王进入了休眠状态。西尔维娅因为童年的小儿麻痹症和疼痛的关节炎而有点跛脚。她身体笨重，但没有时间和精力定期锻炼。她也交不起健身俱乐部的会费。

西尔维娅和刘易斯有个女儿叫莉诺。他们从小带她去教堂，掏钱让她上钢琴课。上高中之前，莉诺除了成绩不好，其他方面都还不错。但后来她开始酗酒、吸毒、夜不归宿。毕业前，她辍学了，开始流落街头。莉诺起初吸食冰毒成瘾，后来又开始吸食海洛因。西尔维娅和刘易斯花费大量积蓄想要帮助莉诺戒毒和康复，但都没有成功。

有个精神不健全的女儿是西尔维娅这辈子最不幸的经历。她告诉我："除非你有个吸毒上瘾、不着家、不跟别人接触的女儿，否则你就不知道什么叫害怕。"

莉诺现在还在吸毒，西尔维娅也不知道她身在何处。上次她听到莉诺的消息时，莉诺是在俄克拉何马城的一个康复之家。西尔维娅试着给那里打电话，但已经打不通了。

失去莉诺后，刘易斯内向了很多。西尔维娅鼓励他去钓鱼，或者星期五晚上和朋友们打牌。但他却每晚看电视，经常在躺椅上就睡着了。西尔维娅和刘易斯曾经有着活跃的性生活。然而，如今他们已经多年不做爱了。西尔维娅独自爬上床，早晨醒来时经常发现只有她自己。

西尔维娅无法帮助刘易斯摆脱哀伤。她只能勉强在早晨煮好咖啡，然后自己开车去上班。她不再见朋友，因为她觉得在她们脸上看到了怜悯。谁都不知道该对她说什么。吃完晚饭洗完碗盘之后，她就来到卧室，看着莉诺的照片哭起来。她怀疑刘易斯也在哭，但不幸的是，他们在不同的房间哭泣。

他们现在已经年近七旬，在照顾莉诺的孩子。马克斯10岁，有点学习障碍。他是个又高又瘦的孩子，耳朵很大，牙齿之间也有跟外祖母一样的缝隙。格蕾西8岁，是个好脾气的姑娘。她微胖，头发编成很紧的辫子支棱在头顶上。两个孩子都有使不完的精力和提不完的要求。西尔维娅告诉刘易斯："上帝制造更年期是有道理的。他知道60岁的人太老，养不了孩子。”

西尔维娅很少谈到关节炎的疼痛，而且不吃药。她的长期医生最近退休了，西尔维娅很想他。他以前也去她常去的教堂，他们经常互送蔬菜和自家制作的小吃。

最终，疼痛促使西尔维娅约了一位新医生。第一次去看病的时候，她感到很不自在。彼得森医生比较年轻，看电脑的时候比看她的时候多。

他批评她体重过重，缺乏锻炼。他说她的血压和胆固醇都太高，建议她改变生活方式，尤其要加强锻炼。看完病，他告诉西尔维娅，他没有开阿片类药物，因为这些药太容易上瘾。相反，他给她约了疼痛门诊。

离开的时候，西尔维娅感到愤怒而沮丧。她不打算去看疼痛门诊。她忙着照顾外孙和外孙女，而且他们掏不起治疗费。如果他们有更多收入，要用来给刘易斯种牙。

西尔维娅咕哝着，在她这样的年龄和压力下，是多么不可能显著地“改变生活方式”。她想：“如果医生的生活跟我一样，他会在什么时间锻炼？他会愿意放弃在一天结束的时候吃一板巧克力犒劳一下自己吗？”

* * *

随着我们变老，就连我们这些比西尔维娅处境好的人都感到精力在减退。我们可能还想搞家庭聚会或者环岛走完曼哈顿，但我们的身体不允许我们这样做。我们醒来时感受到旺盛的生命力，但几小时后，它就消退了。常见的问题是：“我们以前怎么能做那么多事情？”

我们都必须告别一些身体的享受。我的朋友卡门不再打网球。庭院设计师利安娜不再能满足工作的繁重要求。阿比不能再看书了，只能改听有声书。

就连我们的思维运转方式都变了。我们的大脑更容易陷入陈规。令我们沮丧的是，我们不再能轻松地同时做五件事。我们无法快速学会新语言或者下棋之类的复杂游戏。许多人丧失了一些短期记忆。

有关老人记忆力的大多数讨论涉及退化和丧失，但此类讨论忽视了一个重要现象。事实上，我们的思维不再那么杂乱，变得更加注重基本要素。我们形成了更深刻和更一体化的记忆。也许我们不记得手机或者墨镜放在哪里，但我们保留了关于家人、朋友、历史、转折点和关键时刻的各种记忆。

我们虽然会忘记细节，但却善于找回故事。我们有一生的素材可供利用。这些记忆可能因为现实原因而发挥作用："我岳母做的馅饼皮最好吃，因为她只用猪油。"或用作警告："我还记得我姨妈把授权委托书交给她男友的时候发生了什么。"或用来安抚："我睡不着觉时，就会回忆孩子都是小婴儿的时候，睡在他们旁边是什么感觉。"或作为激励："我父母熬过了'大萧条'和'二战'，我当然也能渡过难关。"又或许是为了明确道德上的是非原则："我母亲说过，良好礼仪包括遵循黄金法则。"

我们的记忆像古老河流一样深邃而清澈。我们能看出50年前发生的事与我们当前反应方式之间的关系。我们建立联系和划分界限的能力更强了。我们可以更坦然地接受复杂性和多种观点。

我们知道，即使人生的打击使我们踉踉跄跄，这种痛苦也是人类生存状态的固有组成部分，我们能挺过去。我们学会了接受拥有、丧失、调节和更新的循环。

年轻时，我们大多数人把健康视作理所当然。读研究生的时候，我抽薄荷烟，猛灌咖啡，拿甜甜圈当早饭。每个周末，我都跟朋友们喝红酒，主要锻炼方式是从停车场步行到内布拉斯加大学心理学大楼。夏天，我在室外学习，为的是可以猛晒太阳。我很多年都不需要看医生。我连医疗保险都没有。一切顺利。

我从没想过自己有朝一日会接受白内障手术、出现骨质疏松、患上多发性基础细胞癌。我没想到自己的牙齿会变黄。现在我真希望自己当初多做防晒、多注意体态，真希望自己没有抽20年的烟。

随着我们变老，我们看待老人的态度会更友善。我们更深切地理解了父母和（外）祖父母。我父亲49岁的时候中风。我当时18岁，觉得我父亲后来接连中风、54岁时去世似乎并不意外。当然，这让人很难过，但那时我觉得他是老人。如今，我儿子46岁，我比我父亲第一次中风的时候大21岁。

我记得自己曾责备母亲“走路像个老太太”。她在冰上摔倒过几次，最后买了一根四爪拐杖。现在，有时候我在冰上走，真希望自己有那么一根拐杖。

年轻时，我觉得谈论健康问题令人厌烦并且恶心。为什么我的老年亲戚要讨论胆囊、肠道问题和白内障手术？我能稍稍理解为什么这些话题对于有这些毛病的人来说很重要，但无法理解亲戚们对陌生人的病症也很感兴趣。

我吃惊地发现，老年人说起自己的身体时特别绘声绘色，不加掩饰。我记得有一次听一个叔叔极其详尽地给我们讲述了他肿胀的睾丸，还有个姨妈大谈她的便秘。许多成年人细致讲述他们的睡眠问题。年轻时，我再也想不出比讨论睡眠更乏味的事了。

如今，我的视角变了。我也谈论健康问题。当我的男性朋友给我讲述化疗对性生活的影响或者膀胱控制方面的问题时，我还是会感到惊讶，但远不像哪怕5年前那样惊讶了。我们关注生活中的许多问题，而健康是主要的一个。如果外面发洪水了，那我们便会谈论水。

不过，这些谈话并不总像听起来那样凄凉。我们可以学会适应甚至嘲笑自己的毛病，可以用笑话和趣事来讲述健康话题。菲莉丝·迪勒是这方面的能手，她说："在我这个年纪，后背出岔子的次数比我出门的次数多。"一个正在接受化疗的朋友说自己是"化疗达人"。我的邻居捧得了以困境为主题的最佳幽默感奖。她两侧乳房全部被切除，于是在万圣节那天，她在文胸里揣了两个一样大的小南瓜。

约兰达的母亲伊芙甚至在告别人世之前还在开玩笑。伊芙从来不愿意用药。她信不过药品，除了生孩子之外，她从没看过医生。她过着健康的生活，从事重体力劳动，认为自己时间到了就会死去。

她在这一点上说对了。98岁时，她感染了肺炎，我母亲总把这种病叫作"老人的朋友"。伊芙住进了重症监护病房。她痛得很厉害，医生建议她用吗啡。

伊芙刚开始想摆手拒绝，然后犹豫了一下，点头答应了。医生给她打了一针，没过一会儿，她的身体就放松下来。伊芙带着嘲弄的微笑对约兰达说："我这辈子犯了个大错。我早该嗨一下的。"

她们俩都笑了。

自救的可能性始终存在。我们可以选择把注意力集中在哪里，并且有意识地感恩。至少我们能得到自己需要的医疗！无论我们的处境如何，本来都有可能会更糟。设想最糟糕的处境并为躲过一劫而庆幸，可以让我们以更好的心态面对现在的一切。

最近，我和刚结束卵巢癌放疗和化疗的阿比去了一家路边咖啡馆。她告诉我，她都认不出自己了。她觉得自己像个贝壳，里面空空如也，以前的自己已全无踪迹。她觉得所有这些治疗已经把她的个性耗尽。但是，就在这时，一个装着草药茶的漂亮茶壶和杏仁羊角面包被端了上来。当她啜着茶、啃着面包时，她微笑着说："喜欢羊角面包的阿比又回来了。"

* * *

克斯特蕾尔是个矮个子女人，有着宝蓝色眼睛和冷若冰霜的个性。她在西雅图的一家技术公司工作，独自住在一套能看到皮吉特湾的公寓里。

克斯特蕾尔在华盛顿郊区长大，出身于一个保守的劳动阶层家庭。她父亲酗酒、家暴。一天晚上，父亲掐住母亲的脖子时，克斯特蕾尔用熨斗砸了他的脑袋，并且说，如果他再敢碰她们俩，她就杀了他。父亲咒骂着放开了手，从此再也没有打过家里的任何人。

克斯特蕾尔莫名地感谢父亲。他的残暴构成了她需要抗拒的重压，让她成长为感情坚韧的人。她在反抗他的过程中形成的坚强个性、她保护弱者的热切愿望以及她的斗士精神和勇气对她助益良多。她是少数群体运动的成员，热衷于与不公正现象作斗争。

不幸的是，创伤也存留了下来。除了自己，她不相信任何人，只能建立短暂的恋爱关系。她目前正在与一位叫贝卡的老师约会，但在感情上始终保持着距离。她不让贝卡留下过夜，也从不说"我爱你"。如同父亲一样，她最早的恋爱对象是酒。

她64岁时接受骨骼扫描，医生告诉她，她有骨质疏松症。医生问克斯特蕾尔平时的饮酒情况，她告诉医生，她一般每晚喝一瓶红酒。医生担心地皱了皱眉，告诉克斯特蕾尔需要减少饮酒，开始喝牛奶。克斯特蕾尔叹息着说：“我上次喝牛奶的时候还包着尿布呢。”

这话把她们俩都逗笑了。

克斯特蕾尔问，如果她不遵医嘱会怎样，医生说：“到最后，你从洗碗机里往外拿东西的时候脊椎或者髋骨就会骨折。”

克斯特蕾尔倒吸了一口凉气，目光望向别处，以稳定自己的情绪。这个消息令她很想喝一杯。

医生还建议她不要再从事任何可能导致她跌倒的活动，其中包括她最喜欢的活动——在喀斯喀特山和奥林匹克山骑行。医生建议克斯特蕾尔改练提举重物。

离开医生办公室的时候，克斯特蕾尔感到非常愤懑。父亲除了给全家造成严重伤害，还把酗酒行为遗传给了她。她在街上边走边骂，两次停下来踢车胎。她踢一个车胎时用力过猛，伤到了脚。她一瘸一拐地回到家，打电话给贝卡，接着咒骂。

克斯特蕾尔甚至没有考虑过参加匿名戒酒会。她讨厌在别人面前表现得脆弱或者讲述自己内心的想法和感受。然而，克斯特蕾尔还是在生日那天戒了酒。幸运的是，她有着钢铁般的意志，除了脾气之外，她什么都能控制。

刚开始那几个月，她觉得跟喝酒的少数群体运动的女成员在一起很难受。独自在家或者跟同事去寿司店的时候，不沾酒也很困难。什么东西都不能像酒那样安抚她的情绪。然而，一想到骨头断掉和脊椎骨折，她就决心戒酒。她这辈子都很坚强，但也一直很沮丧。最终，克斯特蕾尔找到一种外出吃晚餐时的替代饮料：加酸橙的汤力水。她在努力戒酒，但精神紧张，还出现了失眠现象。她有些问题尚未解决，这些问题使得酒更加诱人。

* * *

在写关于难民的书时，我对精神创伤和恢复有了很多了解，并且在我的交谈对象的帮助下，总结出一系列疗法。这些疗法包括西医的医疗介入、难民原有文化中的传统医药或者基本的快乐行为。例如，难民家庭的常见疗法包括去城市公园、烹制家乡的食物以及结交讲母语的人。

我们所有人都可以思考使我们感到健康、平静和快乐的东西，从而形成自己的一系列疗法。我们可以写出自己的“健康处方”，其中包括营养和锻炼、人际关系、我们喜欢的东西以及感恩之心。

我自己在2014年11月有了培养复原力（resilience）的机会，那对我来说是颓丧的一个月。我得知弟弟的前列腺癌在痊愈6年后复发；我的朋友玛丽安娜去世，两周后，我的朋友肯特去世；我的牙医告诉我，我需要接受牙龈再生术治疗。哦，我还发现自己的双手严重受损，几乎不能用了。

我约了一位理疗师，他的名字叫丹。我以为他会鼓励我冷敷并且定期休息。结果，在检查了一个半小时后，他对于我还能自己做饭、开车和穿衣服表示惊讶。丹说：“你的手需要到医院治疗。”

他建议我尝试加强双手力量的锻炼，两周后再来复查。他要我别再抱9个月大的孙子、做园艺或者举重物。他还说，我不能再打字或者手写新书了。我问丹，如果我使用双手过度，会不会人还在，手已经废了。他答道：“你需要这么想。”

我本不该感到奇怪的。我这辈子从来不爱护自己的手。10岁时，我在母亲的办公室操作沉重的设备，给注射器、需要重复使用的手套和手术设备消毒。上高中时，我夏天在81号公路艾德熊快餐店的路边餐馆做全职工作，端着满盘子的麦芽酒和汉堡在车道之间走来走去。高中的最后两年，我在这家艾德熊快餐店当油炸工，那项工作需要经常切东西和使用沉重的炸锅。上大学和读博期间，我每天长时间写东西。作为心理治疗师，我和来访者坐在一起的时候要记笔记。在过去的30年里，我每天要花6~8小时写文稿。

我本不该感到奇怪的，但我还是吃了一惊。我一直觉得自己是个强壮、健康和能干的人。我深信只要自己够努力，就几乎无所不能。我不能想象，如果我的身体废了，我会变成什么样的人。

回到家，我把这个消息告诉丈夫。他一声不吭地坐了一会儿，然后说："咱们会渡过难关的。"

当然，我坚持下来了。我别无选择。而且我很幸运，负担得起优质医疗的费用。我购买了合适的护腕，取消了瑜伽课。我勤加锻炼，希望能有所改善。

我觉得，如果上天想惩罚我，最好的办法就是让我感到无助。不过，如果上天想让我形成最广阔的宇宙观，那便恰恰是我所受折磨的意义。当我告诉温柔的表妹罗伯塔，我觉得上天在考验我时，她坚定地说："这不关上天的事。谁都会遇到这种事的。"

中国有句老话，吃得苦中苦，方为人上人，但事实上却未必成立，并非所有的痛苦都能使你成为人上人。作为心理治疗师，我曾鼓励别人从绝望和痛苦中有所领悟。我决心自己也要这样做。我知道，我需要结束自己与现实的争论，成长为能够怀着感恩之心应对新处境的人。

两周后，我去找丹复查。我的手部力量没有改善，锻炼对我没有用。我开车回家时，天空下起了大雪。结冰的道路和白茫茫的天地完美契合了我当时内心的感受。

那个星期六，吉姆去朋友家看橄榄球赛了。我在黄昏时分独自一人留在家里，看着大雪纷纷扬扬。雪总能唤起我的回忆——我甚至可以说，它会涤荡我的灵魂。我需要写下自己的绝望感受。我知道，为了爱护双手，我不应该写东西，但我告诉自己，这是个关乎“生活品质”的例外。过了一会儿，我写了太多笔记，于是决定创建一个关于双手的文件夹。

我找到一张我在《以写作改变世界》(*Writing to Change the World*)的签售活动中留下的照片。我把它贴在文件夹的封面上，仔细打量。突然，我怒火中烧，抓起一支荧光记号笔，在照片中的自己脸上打了个大大的叉。现在这个封面好像在说：“玛丽·皮弗，没有以写作改变世界。”

我对自己的愤怒感到惊讶。有那么一阵子，我就带着所有情绪坐在那里。愤怒和痛苦在我胸中涌动。然后，突然之间，当时处境中的讽刺意味令我哈哈大笑起来。

我由此重新成了作家。我回想起曾有人问贝尔托·布莱希特(Bertolt Brecht)[①]：“黑暗时刻也会有歌唱吗？”他的回答是：“会的。也会有关于黑暗时刻的歌唱。”这种借助于歌唱——对我而言是写作——的做法会改变一切。

与此同时，我学会了如何在厨房使用特殊工具，以及如何使用为残疾双手设计的钢笔。丈夫负责开罐头和酒瓶，还帮我穿袜子。女婿帮我设置了一套听写系统。我和宝宝在地板上玩，或者让别人把他抱给我。

适应这种新的生活状态既不轻松，也不容易。吉姆不是个老道的厨师，尽管他脾气很好，但我尽量不依赖他。也就是说，很多时候，晚餐是沙拉和半成品素汉堡。

---

① 德国戏剧家、诗人。他是现代戏剧史上极具影响力的剧场者、剧作家及导演，被视为当代“教育剧场”的启蒙人物。——编者注

我不再和孙辈一起坐雪橇滑下霍姆斯水坝，因为如果跌倒，我要想保持平衡，就会伤到我的手，而不使用双手的话，就会脸先着地。

我还形成了对人的双手的特殊迷恋。我会注意到有人拿着很重的东西，或者在和孩子玩耍的时候把他举在空中荡来荡去。我总想着别人是多么强壮，他们能用双手完成那些壮举是多么惊人。即便在看电视时，我都在赞叹演员们的手劲。我得努力克制自己，才不会频频夸奖我的朋友的手是多么有力。

令我惊慌的是，我意识到自己可能会每天花费大量时间呵护双手。除非小心掌控，否则身体残疾可能会变成社会和情绪残疾。我不想把生命用在保持健康上——我想尽情生活，接触世界。我问自己："我应该花多少时间去做对自己有好处的事？我应该节省多少时间去做自己看重的事？"

大家友善而体贴。我的第一条经验是要学习如何优雅地接受帮助，第二条经验是要学会只接受必要的帮助。我们太容易坐等别人伺候了。我很幸运，丈夫颇具幽默感，朋友们很有爱。然而，随着时间流逝，我更清楚地意识到，这是我自己需要处理的问题。讨论我的残疾不是能让大家高兴的谈话。关于我该怎么做的建议很少会有用。

我需要守着我的痛苦和悲伤，直到我能够以健康的方式继续向前迈进。那年冬天，我花时间冥想，观察天空、湖水和从头顶掠过的飞鸟。我提醒自己记着所有还能做的事：游泳、看书、谈话、去户外散步。

就在那段时间，几件事改变了我的观点。我出去和两个朋友吃晚餐并且大倒苦水。我的朋友凯茜说："你有一双很好看的手，你还可以在谈话时用到它们。我一直喜欢看你说话时打手势的样子。”珍尼娜补充说：“你的手对得起你。它们帮你干了那么多年重活，帮你打造了美好生活。记得谢谢它们为你所做的一切，要一直爱它们。”

此后不久，我观看了狮子座流星雨。不到一个小时，我看到一颗草绿色流星缓缓划过东边的天空，俯冲进了霍姆斯湖。我这辈子有许多次在面临巨大困难时看到绿色流星。这颗流星是宇宙发出的让我宽心的信号。

我跟朋友们谈得越多，就越是意识到，我的痛苦没什么异乎寻常的。我的手外科医生是个古典钢琴家。他告诉我：“你的手会好转，但会一直疼痛。你不会有严重残疾，你始终可以做你想做的大部分事情，但你会觉得疼。我的手也每天都疼。”

我想起我的外祖母在我外祖父心脏病发作去世后的那一年的情形。她住在科罗拉多州弗拉格勒的小房子里，因为白血病而生命垂危，我和母亲去探望她。当我问到外祖母的健康状况时，她会说：“咱们说点别的更有意思的事情吧。”她会问我学校、朋友和读书的情况。

有一天，我告诉她，我特别钦佩她能以这样乐观的态度应对艰难处境。她凝视着我说：“玛丽，在白血病的事情上，我别无选择，但我可以选择自己对待它的态度。与其伤心难过，倒不如做点我能做的，找些让自己开心的事情。”

我在做手术和康复期间，听说有个朋友的女儿肝癌晚期，时日无多。只要我去图书馆或者健身房，几乎总会碰到有朋友刚刚失去亲友或者听到关于自己健康状况的坏消息。我意识到在自己健康的日子里，我把太多的东西视作理所当然。我关于双手的问题从“为什么让我赶上了”变成了“为什么不该让我赶上”。

我第一次听到关于我双手的消息时，设想了各种消极的可能——衰老、依赖别人以及我真正看重的所有功能都逐渐退化，但我意识到，这样做长远打算可能是危险的。没有人知道未来会发生什么，好还是不好。适应力更强的做法是专注于过好每一天。

到了春天，我越发注重珍惜我能珍惜的东西。我欢迎清早的日出、树叶的新绿以及我自己笨拙而正在痊愈的身体。有时候，我会一连几分钟沉浸在深深的感恩之心当中。

一天早晨，一只雪松太平鸟飞落在我身边的草地上。自从一个奇冷无比的春天冻坏了我们的海棠花，导致我们的大树旁边有许多太平鸟挨饿之后，我已经好多年没有见过这种鸟了。但现在有了一只，一只真正的美丽小鸟迁徙而来，停下来告诉我："真高兴看到你今天出来了。"

现在，只有当人们问到我双手的情况时，我才会想起它们受损多么严重。它们好多了。我又可以用回形针和剪刀了。我尽量多游泳，少做园艺。我的听写软件已经更新到第三个版本。我适应了。

随着我们变老，我们都会感受到"病残之躯"。最幸运的人蒙受小损失，出现轻微的健康问题。其他人则必须面对危险的健康紧急状况。我们大多数人处于这两个极端之间。我们为保持健康付出了更大努力，却体验到更多疾病和疼痛。这个人生阶段是一个不断调整适应的过程。我们会遭遇挫折，重新实现体内平衡，很快再次开始享受生活。

我们可以通过谈论和倾听、通过分享咖啡蛋糕、通过写有爱的字条来互相帮助。我们可以学会让一切可行。我们的艰辛是使我们更坚强和友善的严酷体验。尽管哀伤，我们还是可以学着找到美。我们了解了人生苦乐参半的本质，这是最真实和最鼓舞人心的体验之一。

第四章
关于死亡的认识

“我第一次被注定从视线中消失的微末小事造成的些许恐惧和悲伤刺穿。”

——费丝·沙利文（Faith Sullivan）

“今天，一只红狐穿过玉米地跑掉了。他像烟一样消失了。我要赞美不能持久的东西。”

——芭芭拉·克鲁克（Barbara Crooker）

68岁的埃玛是个身材修长的爱尔兰裔红发女人，鼻子和两颊有雀斑。她和结婚45年的丈夫住在丹佛。丈夫克里斯经营着一家小小的园林设计公司。工作损害了他的健康，但他还在坚持。埃玛是高中二年级老师，三年前退休。

克里斯和埃玛有三个孩子——一个儿子住在佛罗里达州，另一个住在博尔德，还有一个女儿爱丽丝，住在离他们1英里[①]的地方。三个孩子都结了婚又离了婚。儿子们已经再婚，但爱丽丝没有。她

① 1英里约等于1.6千米。——编者注

靠克里斯和埃玛帮忙照顾孩子和贴补家用。

就在开学前，埃玛邀来了四个孙女和外孙女——爱丽丝的一对8岁的双胞胎，以及她们来自博尔德的9岁和10岁的表姐。早晨天气凉爽的时候，她们采摘树莓。天气热起来的时候，她们就溜回屋里玩“妙探寻凶”的游戏。然后，她开车带她们去市中心靠近拉里默广场的一家露天咖啡馆吃午饭。埃玛建议姑娘们点一样她们以前从没尝过的东西。双胞胎点了黄瓜柠檬水。10岁的姑娘试了龙虾卷，她的妹妹则点了绿茶冰激凌作为饭后甜点。

饭后，双胞胎想去书店。埃玛同意了，还提出要给每个姑娘买一本书。她们翻看了一个多小时。埃玛给她们看了自己小时候喜欢的书，甚至还给她们读了几首诗。逛完书店，她们回到埃玛家，在小区的泳池里游泳。

对埃玛来说，这是美妙的一天。姑娘们逗得她哈哈大笑，肚子都笑疼了。她们在街上走的时候还拉着她的手，从遇到的服务员到去市中心的咖啡馆应该如何打扮，她们对所有这些问题都有坚定的看法。她们觉得埃玛应该穿双好看点的鞋。

从埃玛的角度看，姑娘们都是聪慧与大胆的完美结合。她很高兴看到她们比自己小时候更无拘无束，也更自由。

爱丽丝5点来接姑娘们的时候，埃玛很疲惫，准备单独待一会儿。不过，爱丽丝开车离去时，她还是感到内心疼痛。双胞胎之一把一个指尖陀螺落在了厨房，埃玛发现时，内心不禁对孩子们拥有的小物件涌起一阵温情。

克里斯当晚有个业务会议，所以埃玛给自己准备了一份果酱三明治，拿到阳台上，边吃边看太阳落山。她回味那一天的喜悦，想起姑娘们说过的趣事时独自哈哈大笑。

她还深切地体会到了时间飞逝。这些姑娘不是昨天才降生吗?

她自己的孩子怎么已经三四十岁了？她自己不久前不还是个小姑娘吗？她可爱的孙女和外孙女一转眼不也会变成老太太吗？这些感受就像一片流云从她心头掠过。想到生命是多么宝贵，又是多么转瞬即逝，她叹了口气。

* * *

我们60多岁的时候可能还像40多岁时那样思考问题，但我们的身体已经不能像那个年龄一样行事了。预知来日无多可能会令我们悲伤和恐惧，但也能让我们猛然醒悟。人生多么短暂，许多人却误以为我们的日常生活将永久持续下去。我们每个月活动的读书俱乐部、我们星期六的牌局或者我们星期五晚上和朋友们的鸡尾酒会，都好像永远不会结束似的。但是，在我们醒悟之后，就会意识到我们把太多东西视作理所当然了。我们剩下的满月、清晨和在城里度过的夜晚已经数量有限。家人、朋友和国家都在变化，我们人生的一部分也在消逝。

几乎就在我们意识到有多少东西行将消失时，时间似乎开始加速。起初，我们想："今天都干什么了？"然后："这个星期都干什么了？"最后："今年都干什么了？"

现在当我想到时间的时候，我会看到一部老电影里的画面：一页页标着日期的日历在风中翻动，被迅速吹走。

我们意识到，我们做某些事情也许是最后一次了。我们探望90多岁的姨妈，我们向搬去佛罗里达州的朋友道别，我们完成了在山区的10英里徒步，但我们也怀疑自己没有下一次了。这些最后时刻很刺心。

英语里有"刺心"和"喜忧参半"这两个词，但很难找到其他词语来描述我们在感到来日无多时的混乱心绪。我们的内心感受错综复杂，难以名状。

我们没有语言能表达这种微妙的心情，所以往往会用单个词语来描述复杂感受，但情绪有时是混杂而来的，比如悲哀与盛怒，愤怒与恐惧，爱、悲伤与怨恨同时存在。我们通常不是只感受到这种或者那种，而是既有这种又有那种，还有其他三四种情绪。一位苏格兰的老朋友2016年夏天来看望我们的时候，我就感到心中五味杂陈。

我们第一次见到弗兰克，是他1974年来到内布拉斯加州，在我和丈夫吉姆读研究生的大学参加研讨会。我们提出愿意接待一位外国访客。按照安排，弗兰克只在我家住三晚，但我们相处得特别开心，所以他改了签票，待了10天。他只比我和吉姆大10岁，但已经出版过教材，当时正在担任欧洲心理学家联盟主席。

弗兰克掌握的世界历史、政治和地理知识比我们丰富得多。他对所有问题——临床心理学、英国的治理、资本主义、欧洲政治以及人类的天性，都持有坚定和理由充分的观点。他对自己国家和家族的历史感到非常骄傲。他很了解美国历史和政府，对美国在世界上的作用表达了明确看法。

我们相识的时候，弗兰克是个登山健将，是苏格兰山地救援队的队员。他有浓重的苏格兰口音、卷曲的黑发和健壮的身材。他总是穿着同一种颜色的休闲裤和衬衫：全都是蓝色。42年来，我从没见他穿过其他颜色的衣服。

弗兰克的妻子弗朗西丝和他一样，也是心理学家。我们每隔一年便轮流“横跨大西洋”。我们认识弗兰克的孩子和孙辈，他们也认识我们家的。我们把彼此看作同一个家族的苏格兰和内布拉斯加分支。

我们经常会一起在落基山脉和苏格兰高地背包徒步旅行。我们有过在荒野和高山草甸的篝火边谈笑的喧闹时光。一次，我记得自己在篝火边笑得实在开心，于是我说："如果我们现在不算是快乐的话，还有什么能让我们快乐呢？"

现在，弗兰克年近八旬，去年中过一次风。弗兰克今年下飞机的时候，宣布这是对内布拉斯加州的告别访问。当他们走向我们时，弗朗西丝拉着他的手扶着他，这次旅行艰难而痛苦。除了走路吃力和难以保持平衡之外，弗兰克基本还是老样子。他的才智、幽默感和亲切态度都丝毫未变。

这次旅行不会徒步了。然而，我们开展了许多其他活动。连续好多个晚上，我们看着月亮在霍姆斯湖上升起。我们花很长时间慢慢地享用餐食，一起坐在壁炉旁看书。我们早晨喝咖啡，谈个没完，谈我们个人生活和政治局势的变化。我们的交谈总是被笑声打断。我们的谈话是相识几十年的老友间的谈话。我们毫不犹豫地袒露自己的情绪。

我和弗兰克聊到了即将降临的死亡。我给他读了罗伯特·弗罗斯特（Robert Frost）的诗《雇工之死》（*Death of the Hired Man*）。他最喜欢的几句是："家就是，当你要去的时候/必定会接纳你的地方。"作者在这首诗里，还把家定义为"从某种角度讲，你未必要配得上的东西"。我和弗兰克都从诗歌中得到了极大慰藉。有时候，只有诗歌这种语言形式才能表达我们情绪的复杂性和深度。

周末，我们看我6岁的孙子踢足球。弗兰克承诺，如果他很快能去苏格兰的话，弗兰克可以给他买曼联比赛的票。弗朗西丝的弟弟为曼联工作，她答应给他寄T恤衫和其他球队的周边商品。

我们去我儿子的农场大吃了一顿。弗兰克给我儿子的三个孩子讲述了他小时候在苏格兰的战争经历。他回忆起自己的叔叔们应征上前线的经过，以及其中一个叔叔阵亡时的情形。他在轰炸和饥饿配给[①]时还是个孩子。

弗兰克认识了我们两岁的孙子奥蒂斯，奥蒂斯立即喜欢上了弗兰克，在弗兰克需要人领路的时候拉着他的手。他坐在弗兰克腿上，甚至用自己的勺子喂弗兰克吃饭。虽然奥蒂斯得了重感冒，但弗兰克还是顺从地吃下了奥蒂斯喂到他嘴里的所有东西。

我们曾经仿佛永远可以横跨大西洋相互探望。但现在，永远已经不复存在。有悲伤（失去弗兰克就像失去我们自身的一部分），但是也有甜蜜——珍惜当下固有的一切的甜蜜。

最后一天早晨，弗兰克告诉我们，和我们的五个孙辈在一起让他乐观地觉得我们在内布拉斯加州的美好生活会持续很久。我们最后一次一起观看了蜂鸟。我们变着各种花样拍集体照，然后沉默地开车去机场。寻常谈话似乎平淡乏味，而实情过于错综复杂，无法言表。

在机场，我送给弗兰克一本罗伯特·弗罗斯特的诗集。他把书装进背包。我们沉默地拥抱告别。从现在开始，任何告别都可能是最后一次。

心理学家劳拉·卡斯滕森（Laura Carstensen）发现，根据我们认为自己还剩多少时间，我们的视角和决定会发生巨大变化。我们认为生命越短，就越有可能做一些有意义和有乐趣的事。关于死亡的认识会引领我们走向喜悦和反思。

卡斯滕森发现，随着年龄增长，我们的愤怒和焦虑会减少。我猜那不可能是因为悲剧减少了，而是因为我们有了更有效的应对技巧。此外，我们知道时间短暂，所以往往会专注于享受喜悦。“最

① 指战乱时期维持生命的最低限度的食物配给。——译者注

终”这个词已经不再适用于我们。我们现在就要享受乐趣。

当女性拿到绝症诊断书时，她们往往觉得自己比以往任何时候都更热爱生命。她们从朋友和家人身上以及日常生活中得到了很多乐趣。当一位肿瘤医生告诉病人得了癌症时，他说：“你即将经历人生中最热爱生活的时期。”

当然，从出生开始，我们就在一步步迈向死亡，但当它近在眼前时，我们会从更深刻或者更深奥的层面上体验生命。伴随生命有限的意识而来的一大幸事就是拥有了感恩之心。我们大多数人每天醒来时都为自己还活着而心存感激。我们享受最微不足道的乐趣。事实上，没有哪一种乐趣是微不足道的。和邻居喝杯咖啡，听收音机里的一首歌，牵着狗去散步，都可能是美妙的。

我们更愿意告诉别人，我们爱他们，并从他们那里听到同样的话语。我们知道，任何时刻，我们都可能改变，他们也可能改变。我们今天的徒步伙伴可能明天就会坐上轮椅。

第五章

好的陪护：与疾病共处，是我们逃不开的命运

“在我们所有的人际交往中，真正被人需要的感觉很可能给了我们最大的满足感，并且形成了最持久的纽带。”

——埃莉诺·罗斯福

克丽丝特尔是个苗条的韩裔美国女性，退休前打理一家冰激凌店。只要顾客来过几次，克丽丝特尔就能记住他们。她和丈夫乔尔都是我的朋友。我和吉姆会顺路去买蛋卷冰激凌。我和她经常去听同一场音乐会，还一起参加社区服务。

星期天，当我在农夫集市挑选西红柿时，看到克丽丝特尔用轮椅推着乔尔。乔尔抱着腿上的一篮子果蔬冲我挥手微笑。他还是平常那副友善的样子，但他的微笑是生硬的，右臂垂在体侧。我拥抱了他，我们聊了一会儿。他说话比过去缓慢、轻柔、简短。他偶尔会想不出词来，我得猜测他想说什么。当他指着附近的蓝草乐队时，克丽丝特尔把他推到舞台边。然后，我和她在流过集市的小溪边的一棵棉白杨下坐了下来。

她说：“乔尔中风之后，我们的生活圈子缩小了好多。”乔尔出现了严重的认知损伤，需要接受大量理疗。此外，如同许多中风

患者一样，刚中风之后，他意志消沉。克丽丝特尔说："乔尔现在好些了。刚开始，我们俩都不知所措。转眼之间，我们的生活就完全变了。"

现在，克丽丝特尔的生活以照顾乔尔为中心。她开车带他去看医生，帮助他练习说话和做理疗锻炼。她支付账单，处理税务问题，而最让人懊恼的是，她要对付所有的保险、医疗和政府文件。她摇着头说："你都不会相信我要花多长时间查看说明手册和账单。"

她想念那个帮她解决日常人际问题（比如与兄弟姐妹和睦相处、跟某个难缠的邻居打交道）的乔尔。乔尔在处理人际关系问题时能够共情，且讲求实际。他认识她的家人已有几十年，能够不失时机地开个玩笑或者提出建议。不过，乔尔仍在尽力帮忙。他随时听克丽丝特尔倾诉，并且安慰她。有时候，他不能随心所欲地表达想法，但他还能开玩笑，满怀同情地点头，用那只正常的胳膊搂住她。

克丽丝特尔说，他们在逐渐适应新生活。他们听播客、看喜剧。她每周三次请别人过来喝茶或者喝饮料。老朋友来探望时，她给他们讲述周围发生的新鲜事。

克丽丝特尔接着说："我们不把现在的生活跟过去的生活做比较。这是不同的生活。但我们还相爱，还合得来。我不想让乔尔待在别的地方，只想让他跟我在一起。"

克丽丝特尔是个典型的陪护者，是我们这个人生阶段常见的照看有健康问题的家庭成员的女性。她的生活发生了重大改变，她怀念以前的生活，但她在新处境中尽力而为。

并非所有想照顾家庭成员的女性都能如愿以偿。有时候，她们住得太远，或者有繁重的工作或健康问题。还有些时候，她们实在有太多人要照顾，所以必须做出艰难选择。女性往往希望自己能做得更多，做不到的时候便会感到内疚。

对大多数女性来说，陪护工作可能给人以极大的满足感，也极其艰难。这是终极的“两者兼具”的体验。它使我们有机会感到自己有用，但与此同时，它也可能会使我们陷入孤立无援的状态，并且给我们的健康带来压力。

传统中，女性一直照顾老人、病人和幼儿。如同我们之前的差不多所有世代一样，我们这代女性从小就被教育要自我牺牲。我们的职责未必繁重。事实上，我们大多数人一辈子都是陪护者，而继续承担这个职责可能会给人很大的满足感。如果我们运气好，会生活在一个由相互依存的关系构成的人际网络里。我们去医院探望朋友，烹制表达慰问之意的菜肴，照顾生病的家庭成员，在邻居需要的时候帮他们一把。

陪护工作需要我们把自己的需求放在一边，为了别人的幸福而牺牲自己的时间。尤其当这项工作几乎占据全部时间时，必定会带来烦恼。不过，许多人还是选择去做，并且感觉良好。正因为陪护工作这种矛盾性质，我们才有机会去探索“我们说的快乐是什么意思”这个问题。

陪护工作赋予很多人生活的意义和目的。在40%的美国人感到生命没有意义的时代，这是个不小的好处。不过，美国家庭陪护联合会（National Alliance for Caregiving）2015年的一项调查发现，有将近40%的陪护者觉得自己的工作压力极大，有40%~70%的陪护者出现了抑郁倾向。

埃米莉·伊斯法哈尼·史密斯（Emily Esfahani Smith）在她的文章《什么是美好生活？》（*What is the Good Life?* ）中比较了快乐生活与有意义的生活。快乐就是感觉良好，得偿所愿，从某种意义上讲，它关乎索取。有意义的生活则往往涉及为了一个卓越目标而遭受痛苦和自我牺牲。然而，史密斯的结论是：“寻求快乐的人在不能得偿所愿时会不快乐，而寻求意义的人能够经受住消极事件的打击。”

这里的问题在于，我们如何定义快乐？我们没有合适的字眼去剖析它的多种形式，但我们可以从更微妙的语言中获益。我们需要用一个词来描述我们在节日里吃冰激凌时的快乐，在一个慵懒的秋日午后做爱后的快乐，在听说孙辈获得奖学金时的快乐，或者当我们在机场偶遇失联已久的朋友时的快乐。

满足感是一种快乐，有趣的事情发生时带来的兴奋感也是一种快乐。期盼假日或者星期六晚上的聚会是一种快乐，睡个好觉、早晨醒来神清气爽也是一种快乐。最后，还有帮助他人和履行自身职责带来的快乐。我们需要所有这些形式的快乐形成某种特定平衡。棘手的正是这种平衡。

美国文化给厘清这个问题增加了难度。美国人往往重视带来收入的工作，而事实上，对社会来说最重要的工作经常不会带来可观的收入。可悲的是，职业陪护者工资过低，许多无薪陪护者的不间断工作也没有得到承认。如果我们把工作定义为在世间行善，那么陪护就是我们能做的最美好的工作之一。

作为陪护者的家人或朋友，如果我们倾听忙于陪护的女性倾诉并且与她们共情，我们就能帮大忙。我们可以送她们小礼物，比如书籍、巧克力或者鲜花。即使她们不太可能抽出时间，也务必要邀请她们参加聚会。如果女性是居家陪护者，那么每天给她们打个电话会发挥救星的作用。我们可以既承认这些女性付出的努力，又认可这些努力的重要性。

阿迪丝是一位平面设计师，照顾着坏脾气的母亲。母亲本该去护理机构，但她不肯去。她每天给阿迪丝打好几个电话，要阿迪丝过来收拾垃圾、帮她梳头或者给她洗衣服。阿迪丝干这些活儿的时候，母亲并不感激她。母亲认为阿迪丝理所当然要无微不至地服侍她。

尽管阿迪丝竭尽所能地设置界限，但她不希望母亲受苦。也就是说，在每天长时间工作后，她要开车去母亲家，而不是回家给自己和丈夫做饭。阿迪丝总是很累，一谈起母亲就叹气。

随着时间推移，她与母亲的关系影响到了她的婚姻和精神健康。她知道丈夫不会变心，但她为自己错过了那么多陪伴他的时间而感到内疚。她觉得疲惫和愤懑。阿迪丝告诉我："我的艺术作品得过奖，但我履行照顾母亲的职责却什么都没得到。"

我说："我来给你买个奖杯和一束玫瑰。"

阿迪丝笑着说："给我买玫瑰就行了。拜托，要买黄玫瑰。"

我买了黄玫瑰，但与此同时，我知道阿迪丝和其他所有陪护者最需要的其实是认可。当我们做一件吃力的事情时，比如整天跟一家保险公司打交道，我们必须肯定自己的技巧和毅力。在结束一个难熬的下午时，我们需要提醒自己，我们付出了光荣的劳动，日子不会总是那么难过。这听起来容易做起来难。也许陪护者应该在浴室的镜子上贴一张纸条，提醒她们表扬自己当天的劳动。

正如阿迪丝告诉我的那样："我做过的任何事情都不像照顾我母亲这样累人。我没有自己的时间。我不是在内疚就是在愤怒。我的血压都高了。"

她接着说道："我告诉自己，我这样做是为自己在天堂得到的冠冕增加星星。临终的时候，这会是我最自豪的东西。我坚持承担一项吃力不讨好的任务，只不过因为这是该做的事。"

我们全职照顾任何人的时候，都必须学会兼顾他人和我们自己。我们需要制订真正有效的自我照顾计划，计划的第一步可以是探索并接受我们内心对于当前处境的情绪。我们可以承认自己的矛盾心理，我们的愤怒、沮丧和怨恨。我们可以去户外大喊大叫，也可以想哭多久就哭多久。表达强烈的情绪其实是一种释放情绪的巧妙方式。

我们可能需要更多地设置界限。比如，阿迪丝有时可能需要拒绝她脾气乖戾、刻薄寡恩的母亲。不过，对生病的至亲至爱设置界限通常需要相当多的心理训练。女性接受的社会化教育要求我们对所有人负责，而且，如果我们不注意的话，可能会产生太多共情，以致为了满足他人的需求而把自己累垮。

当我们觉察到出现这种情况时，就有必要重新关注我们必须要为自己做的事，以保持活力。我们可以冥想、遛狗、外出就餐、睡懒觉或者在花园干活。一旦我们知道自己需要什么，就可以对别人解释说，我们会在照顾好自己之后对他们施以援手。而且我们无须感到内疚，要为设置了合理的界限而表扬自己。当我们照顾可能长期需要我们的人时，这种自我照顾尤为重要。

我们可能想请求朋友和家人帮忙，或者找一个专业团体，然后安排自己休息数天，进行自我照顾。如果我们照料的人在家里，我们可以邀请别人来做客。有人进进出出的家是欢快的，能帮助我们的至亲至爱随时获取最新消息。

* * *

薇洛的丈夫索尔平衡感有问题，在去自家书店的路上摔倒了两次。薇洛怀疑他的耳朵发生了某种感染，鼓励他去看医生。于是一天下午，索尔关掉书店，去做检查。医生做了检查，让索尔一个月后去拿结果。薇洛想跟他一起去，但她当时正在写一份基金申请书。索尔独自去了医院，医生告诉他，他患有中期帕金森病，而且很可能不久就会出现更严重的症状。

晚饭时，索尔以自己的低调方式把诊断结果和预后告诉了薇洛。薇洛把盘子推到一边，啜泣起来。索尔拍拍她的胳膊，低声说："不会有事的。交给我来处理吧。"

除了悲伤，薇洛还害怕索尔的健康状况会影响她的事业，但他没有要求她做任何调整。然而，就在接下来的那个月，索尔宣布出售书店，还雇了个店员，在书店售出之前负责打理。

有一段时间，一切照常。索尔独自乘飞机去加利福尼亚州探望兄弟。他加入了一个帕金森病患者的锻炼组织，继续见朋友和逛书店。但一年后，他摔了一跤，手腕骨折了。他需要薇洛帮忙穿衣和洗澡。他的颤抖加剧了，疲劳时，他的头会来回晃动。他与人目光接触时很吃力。

起初，薇洛不知所措。她的生活天翻地覆，关于未来的许多设想已经落空。索尔无法给到太多支持，一切都要从头学起。尽管薇洛的工作就是与需要帮助的人打交道，但她觉得自己完全没有准备好成为陪护者。

一天晚饭后，薇洛不假思索地说："退休让我想到隔绝、厌倦、整天穿着睡衣无所事事。"

索尔答道："我们会在一起的。你不觉得那样挺开心的吗？"

薇洛真心不这样觉得。她为自己将要抛弃的鲁比、迈伦以及其他所有顾客感到担心。她不知道自己和索尔是否会惹对方生气，或者成为那种彼此没话说的夫妻。当她想象自己给索尔穿鞋或者扶他去洗手间的生活时，她感到很凄凉。

一天傍晚，他们等出租车时，薇洛再次讲到对退休生活的担忧。索尔尽力温和地看着她说："就算我在家里需要帮助，我们也可以雇一个陪护者。最重要的是你要快乐。”

这句话让薇洛放了心，但又感到很内疚。她一直坚持工作，但她下午5点就要离开办公室，以便能在索尔做理疗的时候赶到家。这种安排对他们双方来说都不理想。她当天的工作尚未完成就匆忙离开，而索尔整天都独自在家。

薇洛感觉疲惫不堪，心烦意乱。之前一直是索尔给她做饭并照顾她。她知道自己未来要做出在感情上很艰难的决定。她希望对得起索尔，但她喜欢在工作中掌管一切，而突然之间，她要面对退休生活了。

在家里，她有时会跟索尔起冲突，或者不知道自己是否有足够的勇气面对命运。她祈祷自己更坚强。

不过，突发情况要求我们以突发行为来应对。并非所有人在需要成长的时候都能实现成长，但薇洛还是缓慢地成长为一个更好的自己。她接受了新现实，从自视为受害者变成自视为志愿者。

在接下来的一年里，随着索尔的健康状况恶化，薇洛仅仅通过应对每个新挑战就变得更加坚强。日复一日，她照料索尔的日常起居，逐渐增强了耐心和忍耐力。她形成了一种强有力的内在力量，成了一个更能与人共情的女性。她与索尔的关系更深厚了，她也更开心了。

薇洛继续兼顾工作和索尔。她下定决心要让他们俩共处的时间和她自己的时间都令人愉快，最重要的是，她成功了。她这辈子都善于应对压力，现在她很坚韧。

她记得，特蕾莎修女将不久于人世的时候曾经说过：“我毕生都在为上帝工作，我知道自己很快将要在天堂跳舞。但是，我真希望自己在尘世跳过更多的舞。”无论处境如何，薇洛都决心要抽出一些跳舞的时间。

第六章

摆脱哀伤：如何面对至亲之人的离世

“落，落，落入坟墓的黑暗。
他们缓缓地去了，美丽的，温柔的，和善的；
他们静静地去了，聪慧的，机智的，勇敢的。
我知道。但我不赞成。而且我不认命。”

——埃德娜·圣·文森特·米莱
（Edna St. Vincent Millay）

“要努力生活，而且必须保持好奇心。无论出于什么原因，我们绝不能背弃生活。”

——埃莉诺·罗斯福

珍妮的父母住在距离内布拉斯加州3小时车程的一个小镇上。在他们生命中的最后一年，珍妮每周都会开车去探望他们，载他们去看医生。她每天都会给他们发好几次短信，每晚跟他们视频通话。照料父母就像一份全职工作，但珍妮没有抱怨。相反，她认为那一整年是她与他们接触的最后机会。

母亲在去世前的那个周末告诉珍妮，她准备好离开了。她受够了所有病痛，不再享受人生。珍妮策划了那个最后的周末，让母亲与子女、孙辈团聚。母亲清醒而惬意，言谈举止给所有家人留下了美好回忆。在其他人离去后，珍妮留下来陪伴她。星期二晚上，母亲在睡梦中去世。

珍妮把坐轮椅的父亲接到家里，与自己的家人同住。她烹制他最喜欢的食物，她儿子给他弹钢琴。他们看老电影，玩克里比奇纸牌。一个月后，父亲也去世了。

葬礼在她父母做了将近60年礼拜的小镇教堂里举行。珍妮告诉出席者不要哀伤，因为她的父母"度过了美满的一生"。在随后举行的聚餐会上，珍妮告诉我："在父母去世的时候陪在他们身边，是我人生中最痛苦和最美好的经历。"

珍妮思念他们，但她的哀伤并不强烈。因为父母很长寿，而且珍妮尽心地照顾了他们，所以她觉得道别相对比较容易。

帮助别人安详地死去是一种荣耀和责任。它会改变我们。无论我们多么不情愿，都会了解现实的本质和我们自身。当然，我们并不总能帮上忙。死亡可能突然降临，出人意料。我们可能远在千里之外，或者时间不够用。有时候，尽管我们竭尽全力，但死亡的过程仍极其痛苦。如果我们运气好的话，会有足够的时间，还会有某个机构帮忙。

除了出生，死亡是最基本和最神秘的人类体验。虽然我们对于出生之后发生的事有基本了解，但对与死亡有关的一切，仍觉得充满神秘。

死亡是一个社会、情感、精神和肉体事件。它也是一种有文化脚本的事件。美国的文化拒绝面对死亡，不鼓励我们讨论它或者思考它。当我们谈论它的时候，别人往往会告诉我们："不要发神经。”没有人教我们如何与垂死的至亲至爱交流即将降临的死亡。出于这个原因，我们有时会错过时机，没有说出该说的话，也没有展开抚慰人心的交谈。

如果我们在帮助另一个人面对死亡，要确信自己清楚他们有关死亡和垂死阶段的愿望。如果幸运，他们会一直清醒，能自行做出决定。如果必须由我们来决定，那么我们要尽可能多地了解至亲至爱的愿望。

安排好医疗授权书、临终指令表格、葬礼愿望说明和遗嘱很重要，也许更重要的是，我们需要达成关于临终关怀的家庭共识。这包括的不是一次交谈，而是多年来与所有相关亲属的多次交谈。许多美国人直到最后一刻才展开这些谈话，但危急时刻不是讨论复杂而严肃的人生选择的理想时机。

临终关怀医院可以给我们很大帮助，工作人员往往都擅长处理肉体、情感和精神痛苦。临终关怀医院鼓励病人接受死亡和垂死状态带来的体验。当人们即将死去时，他们往往害怕疼痛，害怕死亡的过程，害怕无助和孤独。他们往往有呼吸、进食、消化和行动方面的实际问题。临终关怀医院能帮助人们有尊严地死去。

临终关怀医院的工作人员罗萨莉告诉我，人们因为死亡而感受到的痛苦往往不是通常可控的肉体疼痛，而是情感痛苦以及对未来的恐惧。她以一个因患有喉癌而将不久于人世的男人为例。他在孩子们年幼的时候抛弃了家庭，现在感到内疚，为自己早年的行为而羞愧。他想见见孩子们，他想向他们道歉，但孩子们不跟他说话。她还讲到一个女人害怕自己会在死前丧失认知能力，变成粗鲁失控的人。

罗萨莉说：“我们没法解决所有的问题。有时候，我们只能握着他们的手倾听。”

她说，当家人试图向即将死去的至亲至爱隐瞒他们的健康状况时，死亡会更艰难。大多数时候，人们是知情的，而且热切希望家人与他们共同面对。临终关怀医院教导说，这种情境下可以用到五句基本谈话："请原谅我。我原谅你。我爱你。谢谢你。再见。"

罗萨莉说："在临终关怀医院，女性往往比男性活得长。女性比较乐于展开涉及情感的谈话，她们往往更愿意接受比较非常规的治疗，比如按摩和芳香疗法。"

有时候，临终关怀医院的病人喜欢关于病房外生活的笑话或故事。很多人喜欢被触摸，喜欢别人给他们梳头或者抹润肤乳。罗萨莉经常给大家做足部和头部按摩。她问："我今天该怎样让你们高兴一下啊？五分钟以后？还是马上？"

罗萨莉建议我们不要带着既定议题走进临终关怀医院的病房。我们不必谈论自己的麻烦或者提供虚假的安慰，因为大多数即将死去的人并不喜欢听到其他人即将死去或者有同样的健康问题，他们更愿意谈论过去的快乐时光或者目前的积极事件。大多数人很乐意知道他们很重要以及他们是友善体贴的人。

罗萨莉还发现，尽管在我们的文化中，强调要在至亲至爱死去时陪伴他们，但许多人会等到家人离开房间后才肯死去。她猜测这是因为人们很难放弃有家人环绕的生活。孤身一人的时候更容易放手——只要飘然离去就好。

罗萨莉说，我们大多数人在死去时都有同样的愿望。我们想待在家里，有家人或密友陪伴，舒舒服服，头脑清醒。

我们的现代医疗体系与临终关怀医院不同，鼓励我们拒绝面对死亡。即使在癌症晚期，医生也倾向于提供更多治疗。正如阿图·葛文德（Atul Gawande）医生在《最好的告别》（*Being Mortal: Medicine and What Matters in the End*）中写的那样："医生接受的训练不是帮助病人在如何应对绝症的问题上做出明智决定。相反，他们接受的训练是要拯救生命和燃起希望。因此，他们会推荐自己并不会接受的治疗。”

正如葛文德医生所写，许多医生不想接受他们开展的末期治疗。在他的调查中，由V.J.佩里亚戈伊尔（V.J. Periyakoil）领导的一项研究发现，有88%的医生说，当走到人生尽头时，他们会避免侵入式治疗并拒绝使用延长生命的仪器。

梅维丝曾帮助丈夫体面地死去。她6月1日开车带丈夫里克去找医生做活检，6月5日听说他患了肝癌，已经扩散到全身。医生推荐了一些需要里克住院的保守疗法，但他想回家。梅维丝拿起电话，给他们的公寓订了一张医院病床。她联系了临终关怀医院，然后在当天晚些时候开车带里克回了家。

她把注意力全部集中在里克身上。她想满足他的要求，安排好他的医疗，让他感到舒适、被爱、快乐。她做他最喜欢的鸡肉面条汤，买新鲜水果做冰沙。她找到一位能上门服务的按摩治疗师。梅维丝联系到所有与里克有过纠纷的人，请他们上门，跟他把问题了结。她请朋友、同事和亲属写便条和信件，讲述里克对他们的意义。

一位临终关怀医院的工作人员帮助梅维丝准备了里克必需的止痛药和设备，教她怎么给他注射。梅维丝振作精神，表现得异常出色，她自己都没想到自己能采取这么多有能力又有爱的行动。

接下来的一个月，里克待在家里，在临终关怀医院的帮助下，没有受到病痛的折磨。7月4日，他们观看了几个街区以外的城市停车场上空的烟花表演。他们用香槟庆祝了美满的婚姻。里克只啜了几口。梅维丝握着他的手，望着烟花绽放的天空，喝完了整瓶酒。第二天，里克死去的时候，梅维丝把他搂在臂弯里。她给了他想要的死亡方式。

梅维丝通过自己的经历获得了力量。一直以来都是里克在照顾她。他处理了他们生活中的大部分具体事务，而照顾他使得她成了坚强的一方。她觉得自己回报了一些他给她的关爱。里克去世后，梅维丝哭了6小时。然后，她给一些朋友和亲戚打了电话。3天后，里克被火化，他的骨灰被埋在了附近的公墓里。

在那之后，房子显得空荡荡的。工人搬走起居室里那张病床时，她感觉好像少了点什么似的。她把注意力都集中在里克身上，所以在他去世后，她觉得自己变成了空壳。哀伤渗透了她内心的每个角落。

的确，她的整个身体都处于休克状态。她感到麻木，动弹不得。她几乎无法思考、说话或者呼吸。她的周围是无尽黑暗，好像一切希望都不复存在。她总在想："我真希望能跟他一起走。"

她不赞成自杀，因为那会对被她抛下的朋友和家人造成伤害，但她想死。她觉得自己再也不会快乐了。她的人生似乎已经终结。

3年后，尽管梅维丝还是觉得孤独，但她学会了一些东西。她学会了寻求朋友和家人的支持。当她走进教堂或陶艺班时，她说："我需要拥抱。我需要爱的轰炸。"

她知道怎样帮助其他失去家人的人。她再也不会说："如果我能帮上忙，请一定告诉我。"相反，她会送去一顿饭，邀请失去至亲至爱的朋友去看电影，或者定期约对方去喝咖啡。

她还学会了怎样专注于过好每一天。当她想到遥远的将来时，种种可能性令她不知所措。而当她专注于尽可能过好每一天时，往往能达到目标。她最重要的经验是，她比自己以为的更坚强，也更善良。

我外甥保罗带年轻人去加利福尼亚州的荒野，一次会待上几个星期。他告诉我："我们在外面的时候，我希望来一场大的暴风雨。

我想要冰凉的瓢泼大雨，狂风把帐篷刮倒。在那样的时刻，孩子们才会知道自己是什么材料做成的。”

失去至亲至爱就像身处一场狂风暴雨之中。我们会发现自己的潜质，爆发惊人的力量和勇气。

帮助至亲至爱死去与失去他们有着巨大区别。当我们帮助别人的时候，就有了关注重点和意义，我们的至亲至爱还与我们在一起。而当他们死去的时候，我们往往会茫然而空虚。

猝死、早逝（比如孩子夭折）和原本可以避免的死亡是最难承受的。然而，即使在我们的意料之中，所有死亡也还是令人感到突然。一个人前一分钟还活蹦乱跳，后一分钟就成了一具尸体。

震惊过后，我们会感到犹如坠入黑暗，觉得一切都完了。

此时，我们处于严峻时刻，我们的一切储备都要接受检验。一道海岸线从我们的眼中消失，而另一道海岸线尚未出现。

哀伤是一种肉体和情感体验。我们有必要切实感受自身的痛苦，给它时间去释放。起初，我们太孤独了。当我们早晨醒来时，首先想到的是我们所失去的，然后日子就变得阴暗。悲伤的我们需要慰藉，而能给我们慰藉的人已经离开。我们很难面对独自进餐的现实或者最初的几个星期六的夜晚。

不过，我们大多数人会逐渐摆脱哀伤。我们往往会看到还有那么多人爱着我们。知道失去至亲至爱是什么滋味的朋友想帮助我们度过恢复期。我们经历了哀伤的所有意料之中的阶段，但我们还面临心理学家约翰·鲍尔比（John Bowlby）所说的哀伤的额外阶段，那就是“渴望与寻觅”。他描述说，这种体验是一种深深的空虚感，是一种与至亲至爱相守的渴望。这种悲痛往往包括能看到逝去的至亲至爱、与他们交谈并且感觉到他们的存在。

跟我交谈过的许多女性描述过这种渴望与寻觅。莎伦在星空下独行。当她走到一个特定地点的时候，会寻找流星。她觉得丈夫就在身边守护着她。他去世3年后，她还能看到代表“他”的流星。

真正的哀伤永远不会消失。我们学会了与之共存。一段时间之后，我们的朋友不再问起，我们也不再讨论自己的悲伤。这对我们没有太大的帮助，而且我们意识到，我们吐露心事的对象大多内心深处也都隐藏着哀伤。我们便会再次确定，我们的责任是帮别人振作精神。

哀伤不光是一种要忍受的东西，它也反映出我们爱的能力。它使我们能够从最个人的层面上理解最深刻的人生体验。直面我们的哀伤需要开放的态度和勇气。我们必须怀着好奇心和耐心加以探索，我们必须允许它留驻我们心间，直到它愿意离开。

随着时间推移，只需与我们的哀伤共存，这种哀伤就会减轻。不过，正如诗人琳达·帕斯唐（Linda Pastan）写的那样：“哀伤是一段螺旋式楼梯。”我们感觉好转，然后又感觉恶化。假日、纪念日和许多其他东西会引发哀伤的反应。我们可能度过了相当不错的第二年，第三年却被击垮。有了意图和技巧，我们就能在旅程中继续前进，但免不了会在水流中打转。

最终，我们将学会重新平衡自己的生活，并且在一定程度上摆脱哀伤。我们不想被哀伤吞噬，想彻底摆脱它。但是，一开始，我们不可能知道如何做到这一点。即使吃着黑巧克力，我们的心也会因哀伤而破碎。

当我们失去至亲至爱时，必须寻找那个知道如何前行的坚韧自我。那个自我不会立刻出现，但她深藏在我们的身体里，随时准备着向我们施以援手。

我们可以回想在治愈方面的榜样。我在姨妈格蕾丝的儿子死于心脏病后给她打电话。她80岁，住在欧扎克斯，身边有家人相伴。

我当时在西雅图做图书签售，但我真实地感受到了心痛，很想去陪姨妈。她接电话之后，我一股脑地倾诉自己的悲伤。格蕾丝姨妈安静地听我说话，向我保证她感受到了我的同情。然后她告诉我：“我们得去爱和关心还活着的人。”

每当我失去什么人的时候，就会想起格蕾丝姨妈。无论我们的处境如何，总有做出选择的自由，总有反思和补偿的机会。

说到女性直面哀伤、做出明智选择、以智慧和诚实的态度讲述自己的经历，帕特是个好榜样。帕特的丈夫杰里于两年前去世。我参加了他的葬礼。杰里去世时57岁，但他比许多活到100岁的人过得更幸福。多年以来，他经营食品合作社、教哲学、在内布拉斯加州的公共广播电台网工作。他爱妻子和猫，喜欢有意思的谈话、棒球和手风琴。威廉·斯塔福德（William Stafford）有一首诗的开篇第一句是：“骰子掷出去了，你得到了幸运的七点。”杰里是快乐的。

最近，我和帕特坐在她家明亮的厨房里，讨论杰里即将死去时和死去后的时光。她说，他的食管癌让人始料未及。杰里和帕特去找杰里的医生，本想做一次常规的内窥镜检查。结果，医生告诉他们：“我看到了肿瘤。”他安排杰里第二天做了CT检查，然后，医生告诉他们，杰里最多还能活一年。帕特记得她的第一个念头是：“我们不能白头偕老了。”

“一切都发生得太快了。我们12月13日第一次看医生。12月20日，我们听说癌细胞已经扩散到了他的肝和其他器官。我们在圣诞节前告诉了家人，然后，在他1月初开始接受治疗之后，我们告诉了朋友。我们计划了将要共同度过的一年。”

帕特说，那段时间，她觉得脑子里似乎总有个闹钟在响，急切地提醒她接下来该做些什么来帮助杰里。

她解释说：“我原本以为，杰里虽然会难受，但他还是原来的杰里。但我很快就知道，如果一个人病得很厉害，就会发生变化。我以为我们能互相照顾着度过这段时间，但事实表明，我们的生活重心要完全放在杰里身上。”她讲述了他们圣诞节去得克萨斯州看望他父母时的一个微不足道但很能说明问题的例子。杰里以前总是负责办理值机手续、处理乘机细节，但这一次，他们刚走进机场，他就把机票递给帕特，指望她搞定所有事情。

在1月份的大部分时间里，帕特继续工作，在一个大型城市图书馆系统担任负责人。她想等到杰里真的不行了，她再休假。但他们都没预料到，他当月就不行了。

帕特陪着杰里的时候总是很忙。一旦闲下来，在上班的路上，她就会被种种阴郁的想法所淹没。其中之一是，她最快乐的日子已经一去不复返。另一个想法是她要么孤独终老，要么终将与别人约会。当她对自己说出“与别人约会”这几个字时，不禁感到不寒而栗。

帕特回想起杰里是如何描述癌症的：“感觉就好像我走在街上，一个巨人不知道从哪里冒了出来，把我打翻在地。我极力挣扎，但就是爬不起来。”

医生告诉过杰里，他必须吃东西并维持体重，但他没法强迫自己吃东西。他因自己缺乏这样做的意志力而沮丧。大家给他带来各种可口的食物，比如蛋奶冻和清炖肉汤，但他什么都咽不下去。由于他的肺和肝都在衰竭，所以出现了很多令人不快的症状，包括逆嗝和没完没了的呕吐。杰里不惧怕死亡，但他讨厌病得如此难受。

1月底，他在星期一住进了医院。他们希望他只住一阵子，回家的时候状态能好一点。然而，他们被告知是时候接受缓和治疗了，杰里还有不到一个月的时间。帕特说，她一心想着帮杰里把家里布置好，让杰里准备好回家。但是，杰里再也没能回家。他于星期五在医院去世。

帕特很后悔，尽管医生说她可以带着他们的猫到医院去看看杰里，但她始终拿不定主意，就没有这样做。她说："杰里很爱他的猫。"

他们双方的家人都来道别。帕特给杰里定下的主要目标是能在感受到爱和有家人陪伴的环境中去世，她帮他做到了这一点。

在杰里快速走向死亡的紧张时期，帕特清楚地知道生活中什么是必不可少的，什么不是。她很快就知道，有些东西比其他东西重要得多，而最重要的事情是随时守在杰里身边。

杰里平时不去教堂，但他的葬礼是在帕特的教堂里举行的。他是当地室内乐四重奏乐团的重要支持者，乐团演奏了美妙的音乐。教堂里挤进了六百多人，里里外外都只有站立的空间。杰里的父母从得克萨斯州赶来，对他有如此之多的朋友感到惊讶。他们以前没有意识到，他对那么多人产生了影响。我也很惊讶。我本以为他与我的友谊不一般，那时才意识到，杰里与其他所有人的友谊可能都不一般。

葬礼结束后，我们都在教堂的地下室吃馅饼、喝咖啡。帕特的举止跟平时没什么两样，泰然自若，与大家一起哈哈大笑。她的一个之前去过医院的亲戚悄悄告诉我："如果我得了绝症，我会找帕特来帮忙打理。我简直不能相信，她在满足杰里要求的时候居然那么有效率、那么有条理。"

现在，两年过去了，当我们回顾过去的时光时，帕特对于他们在一起度过的岁月表示心满意足。她和杰里始终很和睦，关系紧张的时候很少，开心的时候很多。他们俩都觉得自己没有错过珍惜彼此的时光。她很惊讶地表示，自从杰里去世后，她再也没有哭泣过。然而，她觉得无力而脆弱，背不动满满一背囊的痛苦。幸运的是，她的朋友和家人陪伴着她，帮助她调整背囊，放在她的肩上。她说："有时大家甚至也会背一会儿。"

她描述说，杰里去世后的第一年是哀痛的。第二年，她称之为自己的“暴躁年”。因为杰里这样一个好人早逝，她满腔怒火。但是，她引用了杰里本人对这个话题的说法：“如果你以为你是好人，所以坏事不会发生在你身上，那就像你自认为是素食主义者，所以公牛不会攻击你一样。”

大家会问她，为什么她应对得那么好。她心想：“我有什么选择？我得工作才能付账单。我不想躺在沙发上无所事事。现在这就是我的世界，我得跟它打交道。”

两年过去了，帕特对自己痛失杰里并不甘心。她说：“我喜欢和杰里的婚姻生活。”她微笑着给我讲述了她最怀念的事。杰里善于模仿声音。如果有板子在风中拍击或者管道在嘎吱作响，他会马上模仿出一模一样的声音。直到现在，每当她听到家里有声音，就会徒劳地等待模仿声响起。

帕特有很多朋友，会参加很多活动，整天忙忙碌碌。上班时，她有无数机会成长和学习。她不喜欢回到空荡荡的家里。

帕特不相信所有事情的发生都有其原因。她认为杰里的癌症只是宇宙间随机发生的事件。然而，她试着从中学习并帮助他人。她加入了一个为食管癌患者建立的脸书群组。她通过帮助别人来获得宽慰。

帕特的座右铭是：“活着真好。”以前杰里总是要她活在当下，于是她现在极力注意每个美好时刻，以此来缅怀杰里。她说：“喜悦是我对他最好的怀念。”

帕特的经历体现了哀伤的复杂性和长期性。从某种意义上讲，哀伤永远不会消失。不过，它能够得到缓解。保持忙碌、创造某种仪式感、建立人际关系都能有所帮助。帕特是个坚韧而能干的人，深深融入一个稳定和充满支持的社区。但是，她还是感到痛苦。

人们经常说，孀居的第一年最难熬，之后会有所改善，但就我对朋友们的了解来看，第二年往往更难熬。原因之一是女性指望在第一年过后会感觉好一点，然而并不会。这使得她们纳闷自己出了什么问题，对于摆脱哀伤感到绝望。

正如词曲作家玛丽·高蒂尔（Mary Gauthier）写的那样：“当你失去挚爱之人，一年只是沧海一粟。”

人生最好和最不好的一点都是，它在继续。对于能够做出明智选择和拥有良好航行技巧的女性来说，时间是治愈的良药。

我们许多人都有帮助自己痊愈的方法。我通过写私人悼词找到宽慰，我可以在悼词中探究这个人对我有什么意义，他的人生为什么重要，以及他有什么真正的独特之处。我还试着回想我们在一起的美好时刻。

我们往往把离去的家庭成员与特定象征联系在一起。许多女性从鸟类（尤其是北美红雀）身上找到了宽慰和与至亲至爱的联系。很多女性朋友给我讲过在她们失去至亲至爱后，一只北美红雀出现并且对着她们歌唱的经历。我们还会把离去的至亲至爱与音乐、食物、地点和自然现象（比如月亮或者流星）联系在一起。每当我抓到一条鱼，就想起我那喜欢各种捕鱼活动的父亲。我把鱼高举在空中，以此作为我问候他的方式。

失去至亲至爱令我们醒悟，并提醒我们学会珍惜，促使我们寻找美和爱，寻找帮助自己平衡痛苦与意义的事物。这在我们身边比比皆是——步道旁的纪念长椅、为缅怀某人而种的树，还有用于公益事业的捐赠。就连在墓碑前献花的简单举动都可以成为一种治愈方式。我们要想在失去至亲至爱之后活下去，就必须成长，正是这种成长推动我们进入更富有意义和充满感恩之心的生活。

第七章
老后的独居

“人生可能充满各种体验，但在内心深处的某个地方，我们所有人无论走到哪里，都会带着一种巨大的、沉甸甸的孤独。”

——埃蒂·伊勒桑（Etty Hillesum）

卡拉走进我的生活已有40多年了。她的丈夫是一位音乐家。我在聚会中、艺术展开幕式上和非营利组织的筹款活动中见到她时，她总是被朋友包围着。然而，有天晚上，在一个户外音乐会上，她告诉我，她很孤独。

她说：“就是一般意义上的孤独。我丈夫性格内向，孩子们都走了，我在家一连几天都看不到一个别的人。”

我说：“我也会孤独。差不多是出于同样的原因。我生活中的许多时间用来看书或者写作。我选择了这种生活，但这使我处于与世隔绝的状态。”

我们谈到随着年龄增长，我们减少了与别人相处的时间。我们回忆起美好的旧时光，那时我们只要想聊天，就打电话和朋友们畅谈。如今我们习惯了发短信或者电子邮件，如果出其不意地给朋友打电话，显得很冒失，甚至有些粗鲁。

卡拉叹了口气说："我喜欢自己的生活，但我们家太安静了。有时我很怀念从前，被孩子们吵醒的时候，在一个很忙碌的诊所做全职工作的时候，抓紧时间给全家做饭的时候，开车带一群孩子去参加足球赛或者去乐队练习的时候。"

无论我们怎样构建生活，随着年龄增长，我们大多数人都会有更多时间独自待着。数据科学家亨里克·林德伯格（Henrik Lindberg）发现，20~40岁的成年人每天独自待着的时间不到4小时。而到了70岁，一般人每天要独自待大约7小时。将这些独自一人的时间定义为孤独还是独处，取决于我们对此的态度以及我们如何利用这些时间。对老年女性来说，很可能既是孤独，又是独处。

当然，我们在人生的所有阶段都有可能感到孤独。童年可能极为孤独，如果没有慈爱的父母和充满爱的社区则尤其如此。儿童可能在学校遭到霸凌，并且感到孤独；青少年往往对一切事物都感受强烈，其中就包括孤独；全职母亲可能会与社会脱节。孤独并非我们这个年龄群体所独有，但鉴于这个发展阶段的性质，孤独不可避免。

我们大多数人在年满65岁时都经历过失去。我们可能比一些爱我们的人活得更长。我们可能退休并失去同事，或者存在行动能力方面的问题、丧失听力或视力不佳，从而限制了我们与他人的互动。我们可能不再开车，如果我们缺少良好的公共交通、贫穷或者害怕犯罪活动，那么待在家里的时间就可能会比自己希望的更多。抑郁、精力不济或者慢性病可能会使我们无法交朋友或留住朋友。

其他人的决定可能会对我们的生活产生重大影响。霍莉从没结过婚，但她并不孤独。她养大了女儿曼迪，女儿结了婚，在一个街区以外买了一幢房子。这些年来，曼迪和丈夫戴夫生了五个孩子。霍莉在孩子们出生时都在场，后来又在孩子们的父母忙于工作时照看他们。她参加所有孩子的活动，觉得他们是住在两幢房子里的一家人。

3月的一天，当最大的女孩10岁、最小的孩子2岁时，曼迪打来电话，告诉她一个令人震惊的消息。戴夫要被调到1000英里以外的城市去了。学年结束的时候，全家都要搬走。曼迪之前没告诉她有可能会这样，因为不想让她难过，想等到确定之后再说，就在那天上午，戴夫接到了上司的电话。

霍莉听到这个消息的时候正坐在她的旧躺椅上。起初，她完全没听明白是什么意思。然后，她觉得胸口被狠狠地压住了，喘不过气来。她以为自己犯了心脏病。几分钟后，当疼痛消失时，霍莉想："我也许受得住，但我不想那样。我不能再经历这种痛苦了。"

霍莉9岁的时候，母亲因乳腺癌去世，霍莉只能跟郁郁寡欢、冷淡疏远的父亲一起生活。她对那段黑暗而艰难的岁月刻骨铭心。曼迪出生之前，霍莉一直生活在黑暗中。然后，曼迪出生了，自从9岁以来，霍莉第一次有人可以爱。在过去几年里，曼迪热情洋溢的大家庭给了她所需要的阳光。如今，黑暗又要降临了。

一小时后，曼迪又打来电话，提出要过来一趟。霍莉拒绝了，她受不了让曼迪看到她这样难过。她坐在屋里，凝视着窗外的泥泞和脏雪。她想："孩子们……没有孩子们，我可怎么活？"

她考虑过跟他们一起搬走，也许她可以。但她没有多少钱，而且她怀疑自己在新城市能不能找到住得起的地方。另外，她的教堂、一辈子的朋友以及母亲的墓地都在这里。

最终，她站起来，从冰箱里拿出给朋友聚会准备的伏特加，倒了一大杯。她不经常喝酒，但现在似乎是麻醉自己的合适时机。她喝了一大口，呛到了，然后又啜了一点。她不喜欢那个味道，而且她也明白，伏特加没什么用。这不是她能用酒精消除的痛苦。

霍莉想到两岁的弗雷迪，想到他在她臂弯里的感觉，想到他散发着婴儿香波味道的柔软头发。视频聊天时，她可没法抱着自己的外孙或者闻到他甜甜的香味。她又喘不上气了。她对自己说："我受不了。我就是受不了。"

未必要有人去世，我们才会经历失去。霍莉因为女儿一家搬迁而即将失去她在本地的家人。她觉得这就像死亡一样。19世纪，爱尔兰人为前往美国、再也不会回来的家人举行移民守灵仪式。他们为生者唱挽歌。霍莉现在就是哀悼的心情。一切似乎都结束了。

当然，霍莉会去探望，女儿一家也会来她这里做客。平时她也会与外孙和外孙女视频聊天。然而，一年后，霍莉仍然想念女儿一家。尽管她恢复了自在的日常生活，但哀伤将永驻心间。

乔伊丝也受到了别人决定的影响。她有一个保持了一辈子的习惯，就是跟工作中认识的朋友安妮一起去打牌。但是，安妮搬走了。乔伊丝继续自己去打牌，但感觉完全不同。退休后，她靠自己微薄的固定收入，已经承担不起晚上去打牌的费用。她靠玩数独和看电视消磨时间。她说自己是不合群的人，实际上，她总是独自一人。做家务的时候，她会跟自己聊天。

两年前的感恩节，我的朋友桑德拉的女儿埃米莉在饭后骂她是贱人，然后夺门而出。桑德拉搞不明白为什么。她之前提到新鲜火鸡很贵，以及她为这顿饭买了20美元一瓶的红酒，这通常并不会让埃米莉不高兴。

两个人之间冲突不断，但就桑德拉所知，没有发生什么让形势恶化的特殊事件。桑德拉最终确定埃米莉的行为并不针对自己。她知道埃米莉和丈夫最近对他们的房子做了再融资，他们还有信用卡债务。也许这使得埃米莉格外缺乏安全感并且戒备心极强。

那个感恩节过后，埃米莉对她避而不见。有一次，桑德拉写了封信，询问她们俩是否可以讨论一下发生了什么事情。埃米莉回信说，她想断绝来往。桑德拉很困惑。这对她来说就像一场噩梦。怎么会发生这样的事？

她打电话，问她的女婿到底出了什么事。他很同情她，但是说这得埃米莉自己来说。桑德拉的朋友们也很同情她，但他们能做什么呢？

桑德拉很生气。她已经尽全力善待埃米莉了。埃米莉3岁时，丈夫离开了她们，去和女朋友同居，但这不是她的错。后来，桑德拉打两份工，以便埃米莉能参加游泳队并且有漂亮衣服穿。她甚至在埃米莉十几岁的时候花钱让她去接受治疗。埃米莉不好相处，但桑德拉想念她。在生日和母亲节的时候，她总哭个没完。她两次给埃米莉写信，还打过一次电话。桑德拉一直很忙，但她渴望与女儿说话。她想："只要我能见到她，我们就能解决问题。"她感到怅然若失。这真是个悲剧。

有些女性会在人生后面的阶段感到孤独。因为她们不重视人际关系，所以没有加以培养。她们把工作或者旅行放在第一位。她们年轻时，这种策略或许会奏效，但当她们年老之后，可能就比较难了。

最近，我去圣莫尼卡看望了莫娜。她是市场顾问，在家工作。她的花园里种满了鲜花，其中包括她擅长种植的充满异国风情的兰花。她是个老于世故的女性，各种资源应有尽有，但她很孤独。

在花园喝酸橙汽水的时候，莫娜告诉我，她过去太忙了，没时间交朋友。她仅有的长期关系是与客户的关系。她每天工作10小时，从而在一座高消费城市取得了成功。如今她想，要是有些女性朋友就好了。

每天早晨5点，她去做普拉提，但从未邀请一同上课的人出去喝过咖啡。她们和她一样要去上班，只不过她是开车回家，煮些咖啡，然后打开笔记本电脑。

现在，她差不多全部的社交时间都被社交媒体占据。她发帖的内容大多是关于她的花园、时尚和家居设计的。每天晚上，她给自己倒一杯金汤力，投入网上交流。莫娜说："这已经不够了。我需要拥抱和交谈对象。"

我问她是否有可能交到当地的朋友。莫娜使劲咽了一下口水，然后向花园望去。"我的普拉提班里有个女人，我可以邀请她出去喝咖啡。"

我告诉她，我希望她这样做。莫娜很晚才意识到，有友谊才会有快乐，好在她现在已经有这个想法了，我知道，只要她坚持就能做到。

* * *

如同许多幼年时期生活痛苦的人，克斯特蕾尔有自己的疮疤。她逃避亲密关系，很容易被权威人物或者试图限制她自由的人激怒。当她感觉受到逼迫的时候，眼睛就会冒火，她会准备开战。

有些夜晚，她会去参加活动，但大多数夜晚都待在自己的公寓里。以前克斯特蕾尔可以靠一瓶红酒和一部好电影放松和娱乐，但现在她戒酒了，所以整天紧张不安，晚上只能睡几小时。

她与贝卡的关系对她有帮助，但贝卡想从她那里得到更多。克斯特蕾尔不喜欢复杂的关系。贝卡需要拥抱和感情的时候，克斯特蕾尔就会变得冷淡。贝卡很受伤，她们会分开几天。然后贝卡打电话，建议见面。克斯特蕾尔同意，但前提条件是关系保持随意状态。

多年来，克斯特蕾尔已经经历过许多这样的循环。这一次，她在抗拒非同寻常的关系。贝卡和善可爱，她会讲述关于自己学生的有趣和感人的故事，也会和克斯特蕾尔一起组织活动。

贝卡回自己家时，克斯特蕾尔既感到如释重负，又觉得怅然若失。她对自己的情绪感到困惑。她之所以有这种感觉，是因为她戒酒了，还是因为贝卡和别人不一样？

克斯特蕾尔的弟弟们及其家人生活在加利福尼亚州南部。她有时去看望他们，但凡事都不指望他们。克斯特蕾尔会去看望距离她几小时车程的母亲伊夫琳，但不会告诉她有关自己感情或社交生活的情况。她们俩也从不谈论她们共同的痛苦历史。

不过，伊夫琳70多岁的时候，经常去西雅图看望克斯特蕾尔。克斯特蕾尔会请她去风味餐厅吃饭、观看音乐剧。伊夫琳特别喜欢这一切，而且会不加掩饰地表达自己的喜悦。她喝香槟时，像小姑娘一样咯咯笑；她和克斯特蕾尔去剧场看音乐剧时，会在回家的路上唱歌。伊夫琳现在年过八旬，身体太弱，不能再旅行，但她和克斯特蕾尔每周通一次电话。这算是克斯特蕾尔最接近于全身心投入的活动了。

克斯特蕾尔不会说自己孤独。她认为自己是个喜欢离群索居的自立者。她从未体验过自我表露和信任带来的喜悦。

* * *

无论我们因为什么而孤独，总能想方设法与别人建立联系。我们可以坚持每天至少出去一趟，与我们在商店里或者路上遇到的人交谈；可以与遛狗的女人或带着小孩在公园里玩的母亲聊天；可以给亲戚或老友打电话；还可以做义工。我们最有效的策略之一是想想谁也孤独，然后给他打个电话。

我们需要一个始终如一地关心我们的人。或者，正如我的朋友艾伯塔所说的那样："我希望有个人在乎我这一天过得怎么样。"对于我们许多人来说，这个重要的人是闺密。如果我们有朋友们构成的安全网，那很幸运。但是，如果我们没有，也可以打造这样一个群体。我们可以找一个社团，出席每周一次的咖啡活动，邀请邻居过来吃晚餐，或者加入现成的团体。

朋友群体会成为一个大家庭。这些群体给了我们所谓的"生存仪式"，也就是与他人建立联系和让我们的生活保持正常的方式。无论我们是什么年纪，如果想做个完整的人，就需要感到自己扎根于群体之中。正如我弟弟杰克所说的那样："我们都只不过是抱团取暖的小老鼠。"

社会学家知道，爱与被爱都必不可少。杨百翰大学2015年年初发表的一份研究报告发现，离群索居和孤独带来的危害相当于每天抽15根香烟或者酗酒。尤其在这个人生阶段，我们都不能完全避免孤独。不过我们可以视之为提醒我们呵护自己以及主动接触他人的信号。

我们还可以学着把孤独转化为独处。我们可以把独自度过的时间重新界定为积极的时间，并且找到更多自得其乐的方法。我们可以听音乐、看电影、看书或者开展具有创造性的活动。我们可以决定每天晚上用新菜谱给自己做一顿美味而健康的食物。或者，我们可以培养摄影、剪纸或研究家谱学等新爱好。

借助记忆，我们可以回想起以往的所有人。当我感到忧郁的时候，会想起祖母、外祖母和姨妈，或者我初中、高中和大学时期最要好的朋友。我会回忆与我最亲密的朋友们的旅行，以及我们共度的所有快乐时光。我会想起假日和我们在高档餐馆里的长谈。我记得自己多么受到成年子女和孙辈的重视。一天晚上，当我睡不着的时候，我试着回想自己亲吻过的所有男孩。那很有趣。

书是了不起的伙伴。我们看书的时候，可以与安娜·卡列尼娜、包法利夫人或者简·爱共度时光。我们可以周游世界，可以生活在任何时代、任何地方。我们可以在意大利与玛丽和珀西·比希·雪莱或者在巴黎与西蒙娜·德·波伏娃和格特鲁德·斯泰因一起进餐。

我们可以加入读书会。会员们享受社交时光，也享受讨论严肃理念和多种观点的机会。会员们帮助彼此寻找和挑选最佳读物，读书会的大多数女性说，她们因为读书会的激励而看了更多书。

许多女性因爱猫或者爱犬而得到慰藉。在我们照顾心爱的宠物的时候，这些宠物也在照顾我们。遛狗给了我们一个理由，让我们走到户外，结识路上遇到的其他人。睡在打呼噜的猫咪身边相当于喝了三杯红酒（注意：这完全是我杜撰的。但基于我的经验，这基本准确）。

我们老年女性很可能具备自得其乐所需的许多技巧，我们已经培养了数十年。但是，面对新挑战，我们需要更多的技巧。

玛尔塔在丈夫去世后发现了与孩子们建立关联的新方式。玛尔塔和约翰差不多50年前在克利夫兰开了一家小型发动机修理店，当时他们刚刚结婚。约翰去年去世。葬礼后，玛尔塔把小店关了一个星期，然后又重新开门。她可以像约翰一样利落地修理马达和更换叶片。她觉得工作时不像在家里那么孤独。

店里并不忙，如果有人来，通常都是时间充裕的老顾客。玛尔塔不接待顾客的时候，就修理机器或者看看当地报纸。她用约翰在她生日时送给她的老式手提音响播放蓝草音乐和乡村音乐。

玛尔塔有两个孩子，女儿住在达拉斯，儿子住在代顿。女儿汉娜30岁，单身，是一家百货公司的正式工。儿子厄尔是一名机械师，有个十几岁的儿子柯蒂斯，他的妻子乔迪不喜欢玛尔塔。乔迪觉得玛尔塔是个蹩脚的厨子和主妇。玛尔塔同意，但她不明白这有什么要紧的。乔迪不会换轮胎，也不会疏通下水道，但玛尔塔并没有因此对她不满。玛尔塔很少见到两个孩子，起初她也并不在意。她不太想念他们，她想念约翰。

汉娜每个星期天晚上都给她打电话，问问她的情况怎么样，然后给她讲讲自己工作上或者生活中的问题。玛尔塔盼着她来电，通话时间每个星期天都会延长一点。一天晚上，令玛尔塔自己都吃惊的是，她主动提出掏钱买机票让汉娜每隔几个月过来看看她。汉娜同意了，她们约定了自约翰葬礼以来的首次探访。

有时厄尔会带儿子在星期六开车过来探望。他们会一起去打保龄球，然后去牛排馆吃饭。柯蒂斯明年就要高中毕业了。他想上大学，但家里没有储蓄。玛尔塔提议，如果他想在克利夫兰上学，可以住在她家。柯蒂斯非常感激，表示会考虑一下。

几个星期后，玛尔塔给柯蒂斯打电话，问他是否愿意在学校放假时来店里跟她一起干活。她说，她可以有个伴儿，还可以把自己修理东西的技艺传授给他。她提出，无论他暑假在家乡能挣多少钱，她都可以照付。柯蒂斯说他很愿意。他乐意住在大城市。挂断电话的时候，玛尔塔跳起了吉格舞。

有些女性轻而易举地掌握了独自生活的艺术。埃丝特尔经营着一家成功的医疗用品企业。她是从第一个雇主那里了解这个行当的，到她30岁时，已经攒够了钱在北奥马哈创办自己的小企业。如今，她在大都会地区有五家店面。她还为非洲裔美国人群体的青年企业家出谋划策。

埃丝特尔和她的德国牧羊犬明格斯住在市中心的共管公寓[①]里。她整天和人打交道，所以很高兴晚上能回到安静的家里和可爱的宠物身边。她大多数晚上都不见朋友，更愿意独处。有时周末的夜晚，她会和女友出去吃晚餐或者听音乐会。星期六，她会去看望住在奥马哈郊区的妹妹梅尔娃。她们俩很亲近，但昔日的家庭角色仍会引发某种冲突。埃丝特尔是爱提建议的姐姐，而梅尔娃是不服管的妹妹，不喜欢别人对自己发号施令。不过，她们经常互发短信，埃丝特尔与梅尔娃及两个外甥女一起度假。她雇了其中一个为自己工作。她想教对方熟悉业务，有朝一日把生意交给对方继承。

星期天，埃丝特尔去看望住在奥马哈市中心附近一个康复中心的60岁的弟弟艾克。他40多岁的时候出了交通事故，颈椎断了。从那以后，他就住在里弗维尤。埃丝特尔给他带去有声书和硬糖。她还带着明格斯，因为艾克和其他住客都非常喜欢它。那里甚至还有可供天气晴好时使用的户外庭院。

天气晴朗的日子里，埃丝特尔用轮椅推着艾克去户外的庭院野餐。有些星期六，埃丝特尔和艾克看电视转播的橄榄球赛，还有些日子，他们玩拼字游戏。埃丝特尔给艾克讲工作中的问题。他是个好听众，而且，偶尔他会提出建议，埃丝特尔通常都很赞成。

埃丝特尔从不后悔自己没有结婚生子，可她有时确实希望有人帮她做饭并亲吻她，但她只能去遛明格斯、浏览脸书、看博客或者阅读新闻杂志。她不再约会——从收入、种族、性别和政治到对于性病和性预期的顾虑，问题太多了。在她这个年龄，能找到的大多

---

① 指个人拥有单户产权的，整个物业由统一物业公司管理的综合型社区。与一般物业相比，共管公寓拥有更完善的生活配套和休闲娱乐设施，物业的拥有者可以共享这些设施。——编者注

数男人都不符合她的标准。再说，她还有艾克、梅尔娃、外甥女和一些好朋友呢。

根据我们的个性和处境，我们都可以找到排遣孤独的方法。我的一个朋友认真研究影响到她所在城市和州的政策议题，与相关官员会面，交流资讯和观点。她每天中午在市政厅的自助餐厅吃午饭，以便与议员们接触并且成为有影响力的人。另一个朋友在圣菲购买了一个小小的分时度假别墅，并邀请朋友过来，与她一起探索这个地区。

琼每年两次参加随团旅游，目的是更多地了解历史。不出远门的时候，她认真研究自己将要游览的地方。她最近一次旅行去了越南。有时她能找到朋友陪她一起去，但她现在足够勇敢，可以独自出行，并且相信她会在旅途中交到朋友。

即使性格外向，我们大多数人还是会随着变老而享受独处的生活。快乐的秘诀之一是广泛参与我们能够自得其乐的活动。我们越是能这样做，就越有可能在变老的同时享受生活。如果我们能利用自己的技巧自我滋养，并且与留在我们生活中的人加强联结，那么孤独就会变成独处。现在，让我们检视继续前行所需的具体技巧吧。

第二部分

自由度过老年阶段必需的条件

第八章

走出任何你不想待的房间

“女人就像茶包——只有泡在热水里，你才知道她的味道有多浓。”

——埃莉诺·罗斯福

“没人能保护你免遭痛苦。你哭，你吃，你挨饿，你行走，你挥拳，甚至你接受治疗，痛苦都不会消失。它就在那里，而你必须挺住。你必须咬牙承受。你必须经受住，还要喜爱它，还要继续前行，还要做得更好，还要尽可能跑远……跨过你自身的痊愈欲望建造的那座桥。”

——谢丽尔·斯特雷德（Cheryl Strayed）

很久以前，我17岁的外甥女从俄克拉何马州的一家便利店打来电话，告诉我她迷路了。那时我们还没有卫星导航定位设备，而且我外甥女连地图都没有。她知道自己走错路了，问我怎么开车从她所在的地方去林肯市。我拿出一张地图，问她在哪里。可惜，她不知道。

我告诉她："你先问问便利店的收银员，弄明白你在哪个镇。如果你不知道自己在哪里，就没法从那边开到这里来。"

那就是我们老年女性一直以来的处境。我们的生活不断发生重大变化，弄清我们的处境比知道我们所处的地理位置要复杂得多。要明确了解我们自己以及我们在不断变化的处境中的需求，重要的技巧是关注内心深处要求我们照顾好自己的声音。

当然，我们不可能完全了解自己。我们都会受到无知、困惑和有限视角的困扰。心理防御（比如否认、认知失调、投射和小团体化）使得我们无法了解一切。

我们学到的思考、感受和行为方式以及文化对我们职责的定义也束缚了我们。事实上，智慧的标志之一是能区分别人希望我们成为什么样以及我们实际是什么样的。

我们可以与朋友或心理治疗师讨论自己的挣扎；我们可以参加女性社团之类的各种团体，以加强自我意识；我们可以写日记或者冥想；我们可以看心理学书籍，或者按照我个人最喜欢的方式，简单地散步或者坐下来思考。

我们越了解自己，就越善于区分什么是冲动行事，什么是倾听内心深处饱含感情的声音，并对自己说："这对你很重要。"我们越是了解自己，就越有可能遵循最真实的自我行事。

要成长为最好的自我，我们必须能掌控自己的生活。我们需要弄清自己真正想要什么，然后努力去争取。女性的这种赋权总是来之不易的。我们的文化教育我们要负责、温厚、随时帮助他人。我们必须自行学会照顾自己。

每当有人需要我母亲、我外祖母或者我姨妈，她们都会自然而然地说"使命在召唤"或者"你的愿望就是我的命令"。当然，使命永远在召唤，但我们不必像我母亲家的女性那样自动回应。在冲过去响应需要我们服务的任何人之前，我们可以思考一下自己的决定。

我们可以学会保护自己的时间和空间。时间管理不适合意志薄弱的人。生活总会变得复杂而难以应对，简单生活就像写作时逻辑清晰一样难以做到。对此，有效技巧之一是学会发表立场声明。这些是关于我们愿意和不愿意做什么的声明："我太忙了，没空招待来家里住的客人"不是立场声明，而"我今年再也不接待任何客人了"是；"我晚饭后不接电话"或者"我的星期天是专门留给家里人一起吃晚餐的"也是立场声明。我们刚开始这样做的时候，感觉就像在打破禁忌。然而，在那之后，我们会体验到一种全新的自由。

"说不"的力量来之不易。作为女性，我们学会了说"晚点再说"、"让我想想"或者"好的，那没问题"之类的话语。事实上，我们没有受过直接拒绝的训练。第一次有人要我做我不愿意做的事、而我的嘴里直接蹦出"不"字时，我以为闪电会劈到我。直接而不加修饰地说出实话，这感觉太古怪了。我在大多数情况下还是会缓和或者修饰我的拒绝态度，但每当我说出"不"这个字的时候，我都会感到迸发着的力量和喜悦。

"是"的力量包括确认我们自身的需求。对许多女性（哪怕已经65岁）来说，这都是个新技巧。首先，我们需要知道自身的需求，然后要足够自信地说出这些需求，即使这可能给他人造成不便，也在所不惜。要说出"我想要这个，我要做到这个"是很有挑战性的。然而，如果我们能学会这样做，就能对自己的时间做出用心的选择。

我们可以赋予自己力量，走出任何我们不想待的房间。当我回顾人生的时候，我还记得有好多次感觉自己受到了不公正对待。一个主管对我大喊大叫，朋友不公正地指责我，或者别人“指导”我的方式让我觉得非常尴尬和羞耻。在以上每种情况中，我都希望自己有夺门而出的力量。自从发现了这种新力量，我就不再留在让自己感觉受到忽略、轻视或者无礼对待的处境中了。我不会经常一走了之，但知道有这个选择，让我觉得更安全了。

* * *

尽管刻板印象认为红头发的人脾气暴躁，但埃玛多年来一直迁就家人，尤其是迁就女儿爱丽丝。埃玛在科罗拉多州农村的一个传统家庭长大，学会了当个“好姑娘”，对周围所有人的情绪负责。这种被培养出来的习惯给她带来了许多麻烦。当她努力让所有人都快乐时，就丧失了自我。在为别人服务一天后，埃玛有时会为自己没有受到更多赞赏和重视而愤愤不平。

她脚踏实地的丈夫克里斯在怀俄明州的农场长大。埃玛悉心照顾他，而他是把她这个漫无目的的风筝固定住的岩石。大多数时候，这对她来说是好事，但克里斯的务实和稳健有时让她冒火。而克里斯也会因为埃玛的冒失个性而烦恼。当他们的银行存款不多而埃玛却拿钱贴补爱丽丝时，他会大发雷霆。

埃玛和爱丽丝凑在一起就关系紧张。从某些方面看，她们太相似；从另外一些方面看，她们又截然不同。爱丽丝花钱大手大脚，固执己见。埃玛佩服她的胆量和照顾自己的能力，但又觉得爱丽丝不懂感恩，粗心大意。她不知道该怎么跟爱丽丝商量事情，也不知道怎样求得她的尊重。

埃玛最大的困难是倾听自己内心的声音并且按照那个声音表达她的真正需求，依照内心愿望行事。她受到的社会化教育告诉她，好女人只有在别人快乐的时候才会快乐，要环顾房间，对房间里所有人的感受承担情感责任。从来没有人教她要照顾自己。

除了缺少在人生之河中航行必需的结实的船板，埃玛还体验着我们这个人生阶段大多数女性的所有悲伤。她的朋友们开始生病或者迁往温暖的亚利桑那州。她的父母现在都已去世，她特别思念母亲。她对政治局势感到绝望，为地球的未来感到担忧。她希望孙辈和其他所有人的孩子都能拥有健康和平的环境。她晚上睡觉会磨牙。

每天早晨，当埃玛祈祷时，她都希望自己有一颗感恩之心并且活在当下。然而，如同我们大多数人一样，她发现难度远远超出预想，有那么多事情让她分神，令她烦躁而健忘。

她乐观的预想和无休止的高预期往往被现实击得粉碎。不止一次，她期待着家庭假日，却在最后一个家庭成员道别时以眼泪收场。有时，她希望跟爱丽丝一起外出，结果却失望地看到爱丽丝取消计划或者以不耐烦甚至敌对的态度露面。

一天晚上，给爱丽丝写了房租支票并给全家做了晚饭后，埃玛在洗盘子时崩溃了。爱丽丝甚至都没有感谢她。不仅如此，爱丽丝只和克里斯拥抱道别，却故意无视了埃玛。

克里斯停下擦盘子的手，笨拙地拍了拍埃玛，温和地说："我希望房租支票不要拒付。"

埃玛哭了一小时。她的内心充满了自怜、愧疚和愤懑。她知道自己无法取悦所有人，也发自内心地明白，那是个多么徒劳的愿望。

埃玛找了一位与她同龄的心理治疗师劳蕾尔，对方认真倾听了埃玛谈论她与家人的不和睦的关系。劳蕾尔提出问题，然后评论道："我注意到你的呼吸很浅。我帮你解决这个问题吧。"

劳蕾尔指导她做深呼吸和静心练习。她还建议埃玛上瑜伽班，并且每月做一次按摩。劳蕾尔鼓励埃玛专注于自己的身体、呼吸和内心。

在第一次按摩之前，埃玛都不知道自己的肌肉有多么紧张。按摩后浑身酸痛，但她几乎是直接跳到了车旁。随着时间推移，在瑜伽课和按摩的帮助下，埃玛加深了对自己身体的了解。

劳蕾尔教给她正念技巧。她们在治疗开始和结束时冥想，有时还在治疗当中停下来，冥想一分钟。埃玛学会了审视自己的内心，了解自己的内在状态。埃玛意识到自己是多么充满内疚和固执己见。劳蕾尔帮助她体察这一切而不横加评判。随着时间推移，埃玛逐渐能听到自己内心真实的声音了。

停止治疗时，埃玛已经能够注意到，有时当别人要求她再帮一个忙时，她的内心是多么不情愿。她逐渐学会了，当她疲劳和不愿做某件事时，就该拒绝。她经常说："让我想想，然后再答复你。"这样一来，她就有更多的时间来考虑自己的需求。

埃玛会接连几周平衡、专注和自信，也有时候会一塌糊涂。她可能会过度关注他人，以至于忘了在答复要求之前深呼吸或者暂停。不过，她还是在了解自己的界限以及关注自己的身体、内心和意志方面取得了进展。

* * *

随着我们变老，自我了解和自我保护的技巧就会变得更加重要。如果我们不狠下心来拒绝别人，就很可能会经常感到痛苦。

痛苦是对不幸做出的自然而然的正常反应，是生存所必需。就像我们割破手的时候会流血。事情本该这样。当我们释放出蓄积的情感时，我们任由一股新的活力穿过身体。无论我们为失去至亲至爱而悲痛，还是对日常事务感到烦恼，都要全身心地体验这些情感。如果坦然地体验黑暗，就会少一点不知所措。

我在沿东海岸的一次长途飞行中认识了梅蕾迪丝。她来自佐治亚州，说话有南方口音。她是个很有魅力的女性，虽然有些雀斑，但66岁的她皮肤还很光滑。当我告诉她我是心理学家和作家时，她想谈谈自己离婚的事。

我请她接受访谈，然后拿出了纸笔。她点了一杯加冰的苏格兰威士忌。也许是喝酒和我热衷于她的话题的缘故，她兴致勃勃地大声讲了起来。我很担心其他乘客会听到她的遭遇，但她显然不在乎。

梅蕾迪丝离婚15年了，但她谈起这件事来就仿佛发生在昨天。她在一次聚会上认识道格的时候，还是个正在学习护理的天真姑娘。道格是个冷静的工程专业学生。她告诉我："道格喜欢我无拘无束和健谈的个性，我喜欢他的沉稳劲儿。"然后，她哼了一声说："其实是死心眼和固执。"

梅蕾迪丝点了第二杯酒之后，向我解释说，道格不是个善于表达的人。她曾希望自己能教会他表达感受。她摇摇头说："我们不是都以为能改变他们吗？"

他们1975年结婚。梅蕾迪丝在婚礼前有过迟疑，但被她抛在了一边。她告诉我："我们唯一的共同爱好是圣路易红雀队和滚石乐队。"

这场婚姻从一开始就很紧张。她解释说："我这人藏不住自己的情绪。道格受不了我把情绪都发泄在他身上。我找不到他表达爱的语言，我觉得他也根本没渴望过我的爱。"

道格坚持两个人都应该工作攒钱。女儿们出生后，他鼓励梅蕾迪丝尽快重返工作岗位。他为一家石油公司工作，总是出差，在家的时候，也不愿意花钱去看电影或者合家度假。

有一年，梅蕾迪丝过生日的时候道格没有赶回家。几个星期后，他承认自己有了婚外情。梅蕾迪丝崩溃了，哭了3天。她录下自己的哭泣声，用电子邮件发给道格。他没有回应。

梅蕾迪丝内心充满了悔恨和愤怒，总觉得自己像个傻瓜。最后，她起诉离婚。她怒气冲冲地低声说："这个过程又长又难受，到现在我都难受。"

道格跟那个得克萨斯州的女人结了婚。梅蕾迪丝仍然住在亚特兰大，做护士工作，照顾女儿们。道格根本没有打算来看望她们，她们也不太想念他。

最小的女儿离家上大学后，梅蕾迪丝买了些性感的衣服，在后腰文了一个她所谓的"流浪汉图章"。她几十年没有约会过了，但现在迷上了网上约会。她为一个男人倾倒，跟他上了床，然后因为他两周后抛弃她而饱受伤害。其他男人都太孤独，约会一两次之后就会求婚。还有一个男人是跟踪狂，她只好报警取得禁制令。现在，她彻底放弃了约会。

当机长宣布我们还有20分钟抵达机场时，我感谢她如此开诚布公地跟我交谈。我温和地建议，也许心理治疗师会对她有帮助。我说："我觉得你让前夫过分影响了你现在的生活。"

梅蕾迪丝摇摇头，好像在摆脱晕眩状态。她调整了自己的面部表情，恢复了我在她身边刚坐下时的样子。那是一个平静而自信的女人的脸。但我知道并非如此。

我们有多少人学会了这样调整自己的面部表情？我们有多少人的表情与内心感受截然不同？我们有多少人背负着愤怒和悔恨的重负？

梅蕾迪丝试图通过一边喝酒一边与陌生人展开对话来了解自己。我为她付出努力而尊重她。我们的一切努力都值得赞扬。但是，如果不在一定程度上知道自己在经历什么，我们就无法做出选择、面对挑战或者打造如意的生活，也无法弄清自己的目标以及如何朝着目标前行。

我们最艰巨的挑战之一可能是学会应对我们背负了数十年的所有愤怒情绪。我们一辈子都生活在男权色彩浓厚的社会里，别人鼓励我们在整个人生中掩藏愤怒，保持微笑。当我们被男性骚扰时，或者发现我们在安抚批评我们的男性时，我们就把愤怒储存在了身体里。然而，对于我们这代女性来说，愤怒是一种格外难以体验的情绪。它太“没有女人味”。

我们的愤怒往往会转向内心，变成抑郁或者自毁行为，把我们包裹在羞愧的阴云中。长期的愤怒会变成憎恨，而憎恨就像自己吞下毒药，却在等待对方死亡。或者，像让·埃默里（Jean Améry）写的那样，憎恨“把我们所有人钉在了（自己）被毁往昔的十字架上”。

许多人认为愤怒是一种极其烦躁不安的体验，所以会尽我们所能重新振作。尽管这可能显得违背直觉，但重新振作的最健康方式是任由自己充分体验愤怒。愤怒关乎保护我们内在或外在的脆弱之处。不要说“我很愤怒”。如果说“愤怒劲儿上来了”，可能会有所帮助。这会允许我们对自己的愤怒感到好奇，而不是在愤怒中丧失自我。

体验愤怒是一回事，知道如何表达是另一回事。我们往往发现自己在狂怒与死寂之间交替变化，而这两者都不管用。我们每个人必须通过试验和犯错来学会如何表达愤怒。说到如何表达愤怒这个问题，答案是：“要看情况。”这取决于我们和谁在一起，处境如何，感觉有多失控，以及我们表达愤怒很可能会出现的后果。我们可以自问的一个好问题是：“哪些表达愤怒的方式对我或者其他任何人有好处？”

最有用的往往是等待，直到我们解决了内心的愤怒并且思考过如何最有效地处理它。但是有时候，直接说“这真让我抓狂”的感觉太好了。

用身体发泄愤怒往往有用。否则所有亢奋感和能量可能都会留在身体里，使我们保持激动状态。方式有很多，我们可以捶枕头、在淋浴间里扔冰块、朝着树扔石头或者找一样东西踢到筋疲力尽。当我们的身体发泄掉愤怒时，我们就会体验到一种净化、一种宣泄。我们冷静下来，就能够理性地思考并对激怒自己的人做出妥善回应。

我们这个年龄的许多女性较少感到愤怒。我们已经学会了如何处理所有消极情绪，如何更巧妙地处理人际关系。我们更能接受自己和他人，我们更善于应对人生的频繁挑战。我们能让自己的船保持平衡。然而，如果我们没有学会应对强烈情绪，那么现在就是学习的时机，而且要赶快学。佛教徒知道，人生即苦。我们避不开，但我们可以让自己变得更坚强，以迎接未来的日子。

有了自我意识、自身活力以及许多生活技巧，我们就可以在任何处境下保持对生活的执着和热情。即使在我们接受生活的本来面目时，也会心存感激和喜悦。当我们学会这样做的时候，我们就可以说自己“经验丰富”或者“老而弥坚”。我们已经成为最醇香的红酒。

我们不再觉得有责任搞定每件事，也不会对他人该怎样生活抱有许多看法。相反，我们会拓展自己的道德想象力，以吸纳更多观点。

我们会减少文化规则和角色的束缚。我们会发现以前不知道自己具备的才能，在自己身上找到未曾发觉的勇气和喜悦。我们会发现自己比以前想象的更了不起。

第九章

确立生活中的优先重点

“最能表达一个人的哲学的不是语言，而是一个人做出的选择……我们做出的选择归根结底是我们自己的责任。”

——埃莉诺·罗斯福

“没有什么不可避免。以往的行动每时每刻都在产生影响，自由每时每刻也都在产生影响。”

——南信（Nan Shin）

马琳出身贫寒，她父亲是酒吧常客，因为酩酊大醉而被赶出了孩子们的婚礼现场。她母亲是个坚强的女人，靠在学校的自助餐厅工作养活失业的丈夫和七个孩子。这位母亲性格开朗，听不得抱怨。如果孩子们发牢骚或者垂头丧气，她就会说：“小家伙们，打起精神来。”

马琳是个大个子女人，身穿鲜艳的半身裙和花边衬衣，戴着吊坠耳环。她说自己从来没在骂战中输给过任何人。她给同事起昵称，能让所有人哈哈大笑。马琳像母亲一样生气勃勃、精力充沛，也过着贫穷的生活。由于患有癫痫，她不能开车，也不能在发病时可能惹麻烦的地方工作。她想从事与孩子们打交道的工作，或者在医院当陪护，但正如她所说的那样："那些工作都不接受我。"

马琳早早就结婚并离开了家。她不记得自己有过不工作的时候。如今，她在一个食品配送中心工作，住的是有补贴的房子。下班后，她可以给自己和男友买菜。她有两个成年子女，儿子在军队，女儿在另一个州。

马琳早就跟孩子们的父亲离了婚，发誓不再碰男人，直到她5年前认识了丹尼，她称他为"我的甜心"。他们花很多时间待在一起，最喜欢的电视剧是《犯罪心理》(*Criminal Minds*)，每星期五晚上在一家快餐店享用炸鸡晚餐，还在她的社区打牌、玩宾果游戏和多米诺骨牌。马琳告诉我，她和丹尼认识的时候，双方都知道什么最重要。他们没有浪费时间争吵和抱怨，而是尽情享受生活。

马琳说："我早就想好了，生活会很艰难，我最好想办法让自己开心点儿。"这种意图决定了她的生活。她一生的贫穷和癫痫病本来会使她很凄惨，但马琳拒绝这样。她告诉我："我总是选择爱和喜悦。"

态度胜过境遇。所有女性都决定了自己的历史，但未必是在她们选择的处境下。我们守的约都不是自己定的约。不过，我们还是具有选择如何应对内部或外部事件的自由。运气不是快乐的充要条件，态度才是。

快乐是一种选择，是一套技巧。我们都生活在现实世界的界限内，但我们可以自由地用使我们乐观和感恩的方式来表述这个世界。一旦我们做出了要快乐的生存选择，就可以拥有全套技巧以实现自己的目标。成为更快乐的人永不嫌晚。绝望和快乐都是自我实现的预言，我们认为自己能成为什么样子，就会成为什么样子。

心理学家索尼娅·柳博米尔斯基（Sonja Lyubomirsky）最近的一项研究发现，我们的快乐有50%可能与基因有关，其余部分则由境遇、态度和行动决定。柳博米尔斯基认为，通过以积极方式重新表述我们的处境、心存感激和为别人付出，我们能够最有效地获得快乐。我们没有全面控制权，但我们有选择权。事实上，表观遗传学的研究发现，我们看待变老的方式可能真的会影响到我们的DNA以及我们晚年生活的许多其他方面。

有些女性可能会因为指甲生倒刺就大呼小叫，还有些人可能在台上摔倒但依然保持微笑。这种区别包括态度和应对能力的不同。我们可以学着以我们的勇气来定义自己，我们可以掌握实现这个目标的技巧。

我们可以选择对自己说话的方式。我们可以面对现实，承认和探究自身的痛苦，同时告诉自己"问题会解决的""我做得到""罗马不是一天建成的"。我们可以细数自己的幸事，找到不幸中的一线希望，看到光明的一面。到了我们这个年纪，许多人知道怎样做到这些，至少有时候知道。

最近，我听到了关于冷静情绪的好消息。我女儿萨拉一家和她的一个外地朋友来我家吃晚餐时，萨拉的宠物狗比克斯跑了。她、她丈夫和我丈夫都去寻找比克斯。我和外孙科尔特兰以及来访的朋友在门外等着，希望比克斯会自己回来。过了几分钟，科尔特兰用一种相当恐惧的声音说："如果比克斯死了怎么办？"我答道："比克斯没事，它很快就会回来的。最糟糕的情况就是它在咱们吃晚餐之前回不来，那大家吃饭的时候就都会很担心。"萨拉的朋友只是说："现在还没到着急的时候。"我们都冷静下来，当然，比克斯5分钟后跑进了我们的院子。从那以后，我好多次用到那个说法："现在还没到着急的时候。"

有许多方式可以帮助我们客观地看待问题。我们可以在收容中心或者临终关怀医院的病房做义工，也可以使用“本来可能会更惨”、“有明天就有希望”或者“谁都会犯错”等积极的暗示。

纳塔莉能得心应手地运用客观看待问题的技巧。她正在与自身免疫性疾病红斑狼疮作斗争，这种病会导致血细胞计数低以及许多并发症。她输过血，有蜂窝组织炎，摔倒过，甚至刷牙都会受伤。不过，她告诉我：“我从来不把红斑狼疮当作生活里的头等大事。”

纳塔莉的疾病使她缺席了许多聚会，但是，当她出现时，她会把自己能参加的活动视作一次盛会。她举办剪纸、烘焙和清扫车库聚会。她播放音乐，开始跳舞：“好了，我们的盛会开始了。”如果我问纳塔莉：“你有时间一起散步，或者喝杯咖啡，或者分享手机里的照片吗？”她的回答始终是：“你开玩笑吗？我干这个总是有时间的。”

* * *

薇洛身穿挺括的黑色西装，红褐色头发向后梳成一条辫子，陪索尔去检查身体。医生看了索尔的最新化验结果，仔细地给他做了检查。然后，他拍拍索尔的肩膀告诉他们，索尔的帕金森病发展得非常快。他预计索尔很快就要坐轮椅，说话和吞咽也会更困难。

当晚，薇洛对医生带来的消息深感悲伤，几乎无法入睡。她想象着索尔未来要承受的痛苦，也担心自己没有能力应对。但是，第二天早晨她醒来时，已经准备好进行一系列安排。她给办公室打电话，说她整个星期都不能上班了。然后，她列出公寓里所有待更换物品的清单，保证索尔可以在四处活动时不会伤到自己。

她雇了木匠和管道工安装新的淋浴间，以便索尔能更安全地活动。她准备了索尔容易下咽的所有食品的采购清单。她邀请六位最亲密的朋友在那个星期六晚上来吃饭。她告诉索尔："最好坦白告诉他们，然后就不再提这事了。"

接下来的几个星期，薇洛重新考虑了自己的优先重点。她本打算缩短上班时间，但继续工作。然而，一天早晨，索尔自己起不来床了。她扶他起床，去了卫生间，然后煮了咖啡。做这些事时，她觉得是时候放弃工作了。倒咖啡时，她擦去了脸颊上的泪水。能给需要帮助的人服务是莫大的荣耀。

薇洛给办公室打电话，表示她会再上两天班做收尾工作，然后道别。薇洛的助理对这个消息不像薇洛自己那样惊讶。她说："我们会想你的，但你的决定很对。上次见到索尔，我就知道是时候了。"

她把消息告诉索尔时，他摇头表示不赞同，然后哭了起来。她拥抱他说："从现在开始，我想陪着你。"

时间一天天过去，薇洛不知道机构那边怎么样了。她每星期和新主管一起吃一次午餐，讨论非营利机构遇到的诸多问题。她偶尔会顺路去看看原来的员工和顾客。有时她会给鲁比、迈伦和自己买点街边小吃。她怀念工作，但不后悔自己的决定。

薇洛现在有新任务了，做索尔的护士和日程管理者。她帮他切碎食物，扶他上厕所。她管理他服用的药物，帮他洗澡穿衣。她挑选他们在家看的电影，邀请朋友们每周轮流来做客。

对薇洛来说，索尔的病让人最有压力的是拿主意。她喜欢做决策，想采取所有可能对索尔有帮助的行动，而索尔往往会抗拒治疗和所有需要耗费体力的活动。不过，最终，索尔确定他将是自身健康的决定者。

起初，薇洛简直没法保持沉默。她每到快要去看医生时就会很紧张，因为这时候最可能发生冲突。但是，随着时间推移，她把自己的职责从他的护士调整为他的照料者。她明白，对她来说最重要的是让他们的关系保持牢固和恩爱。她告诉索尔："无论你选择在健康问题上做什么或者不做什么，我都会支持你。"

每当想到未来，薇洛就很害怕，但她大多数时候采取着眼于每一天、有问题就解决问题的模式。她努力让每一天都成为美好的一天。她不想与现实对抗。相反，她想直面现实，友善看待现实，从中吸取经验。

薇洛的选择改变了她。她进入了有生以来最注重精神生活的时期。她不像从前那样一门心思想着完成任务，而是更容易开怀大笑。她发现她比以往任何时候都更喜欢自己和他人。即使她在为索尔的健康状况恶化而哀伤时，也感到清醒和心存感激。听拉赫玛尼诺夫的音乐或者欣赏公园的日落都会令她充满喜悦。薇洛这辈子第一次感到生气勃勃。自由就是基于我们内心最深处的价值观做出理智选择的能力。它与被动性相反，我们可以把后者定义为凭借心血来潮、冲动和我们感受到的情绪行事。被动性促使我们做出自我毁灭的选择。自由则需要自我意识以及选择把注意力放在哪里和如何表达自身处境的技巧。

我们都有感到绝望的时候。各种事件具有把我们击倒的力量。即使我们具有自我意识，也不能指望我们对所有事件的回应都是超脱的。我们都会对努力感到厌烦。或者，正如我的一位朋友所说的那样："我真是受够了这些该死的成长体验。"

然而，我们可以朝着自我接纳和坚韧努力。我们经历的悲剧可以教会我们信任他人并且与他人建立联结。

克斯特蕾尔5月初就遇到了这样的事。当时，母亲在她上班时打来电话。伊夫琳声音颤抖地说："我得了三期肺癌。回家吧，我明天想让你陪我去看医生。”

15分钟后，克斯特蕾尔开车从西雅图市中心前往她的家乡，眼睛紧盯着道路。看医生时，克斯特蕾尔一边陪母亲听医生报告，一边记笔记。医生建议手术后放疗。说完之后，他看着伊夫琳的眼睛，温柔地说：“很遗憾。”

克斯特蕾尔和伊夫琳握着手沉默了几分钟。医生也默不作声地坐着。最后，克斯特蕾尔说：“我们需要谈谈再决定。”

到家之后，克斯特蕾尔给伊夫琳沏了薄荷茶，她们坐在花园里，看着长长的影子在草坪上缓慢移动。晚饭后，伊夫琳很早就睡了，克斯特蕾尔让自己享受了一次骑着她原来那辆自行车兜风的乐趣。她骑着车在镇上转来转去，查看儿时的生活环境。一切都显得比原来小，也比原来破旧了。

克斯特蕾尔骑车经过自己和弟弟们遭到嘲笑的学校时，感到怒气往上涌。看到家里人总是赊账的杂货店时，她感到羞耻。她在这座城镇有那么多不快乐的记忆。她想：“难怪我这辈子总是怒气冲冲的。”

然而，随着继续前行，她又想：“但是我的愤怒到底是在惩罚谁呢？”

第二天早晨，克斯特蕾尔在互联网上搜索医学信息。在吃午餐时，克斯特蕾尔提醒伊夫琳，她可以做选择，负责照顾伊夫琳的是她自己，而不是医生。伊夫琳告诫克斯特蕾尔要对医生客气一点。她说：“我需要相信他能帮助我。”

克斯特蕾尔看着吓坏了的母亲，说：“好的，妈妈。我信任他，但还是要由你来做主。”

伊夫琳决定按医生的建议接受手术。她给护士打电话做安排时，克斯特蕾尔双臂环抱着母亲。她在整个打电话的过程中都搂着母亲。她说不清到底是谁在安慰谁。

第二天，克斯特蕾尔向她的技术公司请了一天假，给贝卡打电话解释说，自己整个夏天可能都不在。贝卡那么善解人意、那么体贴，克斯特蕾尔有点歉疚。这种想法令她不安。她不喜欢让别人看到自己脆弱的一面。

母亲手术前的几天，克斯特蕾尔采购、洗衣服、在母亲的花园里种了一些萱草。一天早上，她和母亲一起翻看旧的家庭相册，但这些相册没能让她们快乐起来，所以她们改玩填字游戏，听伊夫琳收藏的20世纪50年代的唱片，大多数是音乐剧和大乐团。晚上，克斯特蕾尔极力克制自己喝一杯的渴望。她不知道如何消除如此强烈的痛苦。

伊夫琳手术后的夜晚，克斯特蕾尔独自在家。她很想喝母亲的伏特加，但她没有这样做，而是给贝卡打了电话，贝卡鼓励她谈谈自己的感受。起初，贝卡的建议让克斯特蕾尔恼火，但她很快就对贝卡倾吐了心声。她说，上帝让如此善良可爱的一个人患上癌症并接受治疗，她感到很愤怒。她恨透了母亲的人生中存在那么多不幸。克斯特蕾尔的强烈感受没有吓到贝卡，她只是倾听着。克斯特蕾尔挂断电话时，对自己的自我表露感到不安，也对真的把痛苦告诉别人感到如释重负。她很惊讶地发现，把事情说出来是多么容易。

伊夫琳手术后回家时既疲倦又疼痛。她有止痛片，但只吃了一片，就改吃布洛芬了。有几天她在阳光下打盹儿，或者在花园里玩填字游戏。克斯特蕾尔负责接听弟弟们、药剂师和医生办公室的电话。她帮助母亲洗澡，帮助她从一个房间走到另一个房间。

她每天晚上给贝卡打电话寻求支持。有时她们谈论母亲的癌症，还有些时候，贝卡会告诉她活动小组的消息以及白天工作的情况。克斯特蕾尔觉得贝卡具有把平凡的一天变得有趣而刺激的可爱能力。

经过大量讨论后，伊夫琳接受了第一次放疗。这导致她腹泻、呕吐和虚弱。伊夫琳感觉好点之后，决定不再做第二次放疗。她不怕死，她只是不想再受苦。

一天下午，克斯特蕾尔从花园里给她采来一束鲜花之后，她告诉克斯特蕾尔，自己过了一个非常美妙的夏天。“我最快乐的时光都是和你一起度过的。这个患癌的夏天也不例外。”

克斯特蕾尔吃力地咽了一下口水，她的眼睛温柔而亲切。她说：“妈妈，我爱你。”

我们可以有一百种不同方式做到用心。我们可以投身于充满信任的人际关系或者义工项目。我们可以决定与谁共度时光、何时退休、将来住在哪里以及将如何使用自己的宝贵资源。时间是最宝贵的资源。归根结底，我们所有最重要的决定都与时间有关。我们将如何利用上午、下午、夜晚，每天和每个星期？

我们20多岁、30多岁和40多岁的时候，孩子和工作可以让我们保持忙碌、安排满满。在早期这几十年里，我们更有可能做出被动选择。我们的工作有最后期限，宝宝需要看医生或者我们需要帮三年级的孩子准备拼写测验。学龄儿童的母亲往往要准备午餐、督促刷牙、参加家长会以及接送足球训练。我们采购、洗衣、做饭、讲睡前故事。时间耗尽了我们的精力。

而随着我们变老，更多的人开始有机会对时间做出反思性的决策。我们可以学皮划艇、锻炼、上烹饪课，或者义务教难民学英语。我们可以定期检视自己现有的日常生活和习惯，确定它们是给人乐趣还是仅仅出于习惯。我们可以确立优先重点，区分必要的和非必要的。我们可以问：“我利用时间的方式是否符合我的价值观？”“当我在生命尽头回顾一生时，会对自己分配这一点点时间的方式感到满意吗？”

我们每个人都可以自由决定什么是必要的。最近的一项尼尔森调查发现，退休的人平均每星期有50小时在看电视。这样做的女性错过了与别人接触和发展诸多天赋的机会。

我们可以在使用自己的金钱或其他财富时做到用心。我对财富的定义多年来不断变化——从一年有多少天在外边过夜到每个月有多少天能见到孙辈。我喜欢的另一个定义是有多少人与我有着充满爱的关系。我们的文化教育我们相信安全感来自金钱，但事实上，在这个人生阶段，拯救我们大多数人的，是爱。我们都可以写下自己对财富的定义。当我们这样做的时候，就明确了自己正在努力积累什么。

当然，有些女性认为财富是自己银行账户里的存款。当然，经济保障有助于过上舒适安全的生活。然而，有钱的女性仍然有可能感到贫穷，因为她们无法定义“足够”这个词，所以仍然摆脱不掉匮乏感。

我们有必要区分欲望与需求。当我们的需求得到满足时，就觉得足够了。根据我们的经济状况，我们也许可以选择满足自己的欲望。在美国，由于我们的医疗系统费用昂贵而且复杂难料，我们都不确定自己是否有足够的钱应对所有突发情况，但到了某个时候，感到经济有保障就意味着能够说：“我不会再为这个担心了。”

“感觉富有”的一层含义是享受我们拥有的东西。今天正好是个下雪天，我每隔几分钟就向窗外张望，只是为了欣赏轻柔的白色雪花。我盖着外祖母和姨妈们的被子睡觉，而不是把它们存放在壁橱里。这些被子能为我助眠，我感觉好像睡在外祖母和祖母的怀抱里。

萨曼莎和丈夫托尼经营着一家小小的美术用品商店。她可能是我知道的最用心的人。一个阳光灿烂的上午，我们讨论了她的人生选择。萨曼莎和托尼经历了很多挑战。托尼的父亲和所有兄弟都因为心脏问题而英年早逝。托尼60多岁的时候，在车道上铲雪时突发心脏病。

还在医院的时候，他和萨曼莎就决定卖掉商店，尽早退休。钱会很紧，但时间更紧。几个月后，他们已经一起在老年中心上陶艺课了。

萨曼莎得过两次癌症。第一次，她39岁，孩子们还在上小学。她告诉我："淋巴癌很可怕。我问自己：'我做错了什么？为什么我会遇到这样的事？'然后，我讨价还价：'让我活到孩子们18岁吧。'"

她笑着说："我专心治疗，情绪从没崩溃过。我有半年都没有哭。然后，当接到电话说我的最新筛查没有问题的时候，我崩溃了。我给正在上班的托尼打电话，哭得一塌糊涂，根本没法说话。他以为是坏消息。其实是好消息把我弄哭了。"

4年后，当萨曼莎被诊断患有乳腺癌时，她不像上次确诊之后那样害怕了。她的孩子们已经长大，而且她以前击败过癌症。一天，她开车经过教堂。这是个极其静谧的地方，圣神同祷会的修女们身穿粉色长袍，不停歇地为世界各地的人们祈祷。萨曼莎不是天主教徒，但某个声音促使她走了进去。她走进教堂，有三个人跪着，一个女人脸朝下趴在地上，双臂伸开，像个十字架。

萨曼莎坐下来，打量着一尊女性祈祷的塑像。最后，她意识到那是个修女。萨曼莎进去的一个小时中，这位修女纹丝未动。萨曼莎说："就连那里的空气好像都不一样。我完全平静了。"

这件事消除了她对第二次患癌的所有恐惧。她的治疗很顺利，没过几个月，萨曼莎再次彻底痊愈。尽管两种癌症都可能复发，但萨曼莎没有整天琢磨这个。“因为那样就像是请它来。我就把它当作不会发生一样。”

萨曼莎从来不让疾病左右自己。她说：“我们都吃过一些苦头，但那些都过去了。我刚出生的外孙才是未来。”

她接着说道：“我们享受人生的每个阶段。我们享受孩子们成长的过程：他们是小宝宝的时候，我们爱他们；他们蹒跚学步的时候，我们爱他们。我们珍惜当前阶段，但我们也很高兴进入下一阶段。我们享受空巢的自由。孩子们回家的时候，我们很开心；他们走的时候，我们也很开心。”

萨曼莎和托尼为老龄生活做了规划。他们不想成为住在别处的孩子们的负担。他们会留在有着强大养老保障体系的家乡。萨曼莎说：“我们死也要死在家里。”

萨曼莎和托尼已经开始断舍离。双方父母去世时，他们继承的东西多到超出预期，甚至找不到放置的地方。他们从此知道，无论多么好心好意，礼物都有可能不受欢迎。萨曼莎知道孩子不想要他们的老物件，因此他们让成年的孩子们挑选他们想要的东西，她和托尼会记下来，并且开始处理不必要的东西。

萨曼莎告诉我：“我不怕变老。我觉得我会一边变老一边适应。”

尽管面临多重健康挑战，但萨曼莎经过深思熟虑的选择给了她美好的生活。她充分享受这种生活。我们都可以选择能让我们成长、爱和焕发生机的生活。我们都可以采取自己临终时会自豪而快乐地想起的行动方式。而且，几乎每天早晨，我们都可以准备为自己打造美好的一天。

第十章

给疼痛和压力打分

“快乐人生的秘诀之一是经常来一点小享受。”

——艾丽丝·默多克（Iris Murdoch）

“习惯有一种诗意。”

——西蒙娜·德·波伏娃

当我还是一个住在内布拉斯加州比弗市的6岁女孩时，曾看到一则茶杯犬的广告。广告承诺，如果我给纽约的一个邮局信箱寄一美元，10天后就会收到一只小狗。我恳求母亲给我一美元。她警告我说那个广告是骗局，我这一美元肯定会打水漂的，但我就是不松口。我想要那只小狗！

寄出信后，我给小狗取名“焦糖”。每天下午，我都在前门廊上等邮差。当看到他出现而没有拿着盒子时，我大失所望。10天后，母亲建议我放弃等待，但我不肯。我有好几个月的时间都在盼望那只小狗。事实上，我觉得自己内心直到现在还在等待着。

我不再寄钱购买邮寄的小狗了。大多数时候，我能控制自己的预期。我不会主动给成年的孩子们提建议并且希望他们感激。我不指望包括自己在内的任何人所有时候都和蔼可亲。我爱我所爱的人，不是尽管他们有缺点我也爱，而是因为这些缺点是他们固有的一部分。我注意到，爱我的人同样宽容。

我不看星相，我知道自己做什么会快乐。

要打造美好的一天，就要围绕我们的情感、思维和行为做出明智选择。我们可以用有意义的活动、令人满意的日常生活、与朋友家人共度的时光来认真过好每一天，并且获得能够使我们化解压力的策略。我们可以培养幽默感。当感到时间极其紧迫时，我们可以从整个人生的背景看待自身现在的生活，这样就会仅仅因为活着而心存感激。

要想快乐，我们需要学会构建意义丰富的一天和带来喜悦的活动。我们利用时间的方式决定了我们是什么样的人。没有神奇的未来，今天就是我们的未来。我们的生活就是分分秒秒实时发生的事件。除了需要氧气、食物和睡眠，还需要每天早晨有个起床的理由，我们希望能想着自己期待的事情，或者能使一天具有目标感的活动。如果我们能展望这些事情，就能找到面对难熬日子的力量。

我们许多人一觉醒来就因为第一个消极的想法而脾气暴躁。我们很可能会想到自己的忧虑或者当天的待办事项。我们也许有各种疼痛。如果天气阴冷，或者我们预想到不愉快的事件，我们可能就会沮丧。然而，只要问问自己，我们在期待什么和感激什么，就有可能实现精神上的重启。

人生如同写作一样，必须知道该添加什么和删除什么。我们不想让人生变成一张满是“应该”和“必须”的长长的待办事项清单。如果我们安排过多并且总是忙忙碌碌，那每件事都会变成一项令人厌烦的任务。当金色的夕阳西下时，我们不希望自己在刷脸书；当孙辈要我们讲故事时，我们不希望自己在忙着付账单。

我们不想艰难度日，一项接一项地完成枯燥乏味的任务。我们每天都需要一点小享受。日子不好过时，我们想给自己买玫瑰花和巧克力，保证我们能跟宠物玩耍，或者跟最要好的朋友碰面喝咖啡。这些间歇给了我们重整旗鼓的时间。我们可以教会自己简单地静坐15分钟，休息或者看书。

我们需要更多空间。我们不想在一天里有太多约会。我们想以能够感到放松和满足的方式活动。我们可以允许自己懒散和晃荡。我们可以标出时间表里没有约会的日子，给自己一些没有手机、社交媒体或世界新闻的日子。

随着我们变老，我们的目标可能会超出自己的精力所及。我们许多人发现自己非常需要激励和参与各种活动，但耐力却有限。我们的精力是一种宝贵资源，必须明智地加以分配。节奏很关键。否则我们可能会因为疲劳而倒下，一连几天无精打采。

我们的生活中有多个需要平衡兼顾的方面。我们努力平衡独处与陪伴的需求，工作与放松的需求。我们希望注重健康，但又不能一心只想着健康。我们希望既不被勉强，又受到约束。这些听起来都是相当抽象的问题，而我们每天都在做此类平衡。我们要花些时间把家务活干完还是跟朋友去听音乐会？我们应该看喜欢但几十年都没再看过的书还是新书？我们应该游览过去最喜欢的地方还是新地方？我们应该延长工作时间来充实退休金账户还是缩短工作时间去跟孙辈一起玩？

要想平静而快乐，我们需要以多种可靠方式来应对压力。我们要么养成化解压力的好习惯，要么养成自我毁灭的坏习惯，比如酗酒、冲动购物或者沉迷于网络。

照顾患病妹妹的劳拉在教堂唱诗班唱歌，排练和周日礼拜把她带到了欢乐和朋友众多的地方。雷娜打理花园，如果她和丈夫或者成年子女的沟通不畅，她就出去除草或者给玫瑰浇水。卡拉拿起素描本，画出激发她想象力的任何东西。

* * *

西尔维娅为吸毒成瘾的女儿感到哀伤。因为关节炎而疼痛，还要履行作为监护人的外祖母的职责，她发现不顺心的日子比好日子多得多。失眠一个星期后，西尔维娅预约了彼得森医生推荐的疼痛门诊。

她抱着怀疑态度赴约，但抵达之后，发现自己很喜欢那里的环境。候诊室里有瀑布般的潺潺水声，没有电视噪声扰乱气氛。一位年轻理疗师叫西尔维娅的名字，西尔维娅跟着她走进一个满是窗户和开花植物的房间。

理疗师梅根花了一小时听西尔维娅讲述自己的疼痛和生活处境。她提出切中要害的问题，并且不加评判地接受了西尔维娅的所有回答。西尔维娅不确定是否有人能帮她，但她觉得梅根不会伤害她。梅根建议西尔维娅挑个信任的人，每天花几分钟时间给他讲讲自己的疼痛。令西尔维娅自己都感到惊讶的是，她马上说："我可以讲给刘易斯听。他不会介意的。"

梅根还建议她根据1~10分的评分标准给自己的疼痛打分，并且记在日记里。西尔维娅从未写过日记，也没做过疼痛评分，但这些建议不用花钱，也没有侵犯性。考虑到外孙和外孙女都很黏人，西尔维娅不确定自己有时间写日记，但给疼痛打分根本不用花时间。道别的时候，西尔维娅做了下一次预约。

第二次来的时候，西尔维娅告诉梅根，她按建议做了，而且觉得有用。给疼痛打分帮助她客观看待疼痛，与刘易斯的5分钟交谈以某种方式把他们重新联系在了一起，他现在偶尔拍拍她的手臂，有一次甚至开玩笑地拍了拍她的屁股。说到这里，她们俩都笑了。

梅根给西尔维娅演示了几种简单的背部运动，还推荐了一种顺势疗法茶饮。当西尔维娅告诉她自己一直喜欢游泳时，这位理疗师提出为她安排去附近一家康复医院的加热泳池游泳。她确信西尔维娅的保险会支付这笔费用。西尔维娅也确定自己的时间安排没有那么满，可以去游泳。

一个星期后，她开车前往康复中心，跳进了波光粼粼的温热的泳池。当晚，她睡了8小时，醒来给刘易斯和孩子们做了薄饼当早饭。现在，她每周有两次把孩子们留给刘易斯照顾，自己在那个可爱的泳池里放松身心。

西尔维娅有生以来第一次写下了自己的需求和个人的优先重点。然后，她为接下来的一个星期制订了个人时间安排。当然，她的记事本里还有刘易斯和孩子们的时间安排，但是，她用红笔标注了游泳、做背部运动、写日记和参加教堂的活动。

她开始履行这些用红笔记下的安排时，逐渐感到快乐起来。她最初的疼痛评分大多是6分和7分，但现在是2分和3分。她比以前睡得好，更喜欢与刘易斯交谈。有时候，她跟他谈完之后，他会建议玩几把金拉米纸牌，他们会时不时地笑出声来。

西尔维娅在孩子们上主日学校时去参加那个女性团体的活动。她发现自己就像很久以前的那个西尔维娅一样爱开玩笑。每星期跟其他女性交谈一次给了她极大安慰。她听到其他女性是如何应对困难的：有些人的伴侣不好相处，有两个人在与癌症作斗争，还有一个人因为骨质疏松而再次发生脊椎骨折。西尔维娅知道，谁都不可能在痛苦比赛中获胜。谁知道谁最苦？当她把自己的生活与朋友们的生活做对比后，还是选择过自己的生活。

* * *

就像西尔维娅给自己的疼痛打分一样，我们也可以用十分制给自己的压力打分。刚开始这样做的时候，我们可能会把所有的压力源都评为11分，但随着时间推移，我们知道真正的10分都很少出现。大多数压力（比如做坏了一顿饭、忘了一次约会或者丢了图书馆的书）都只是1分或者2分。只要能给我们的沮丧情绪打个分，就能帮助我们客观看待自己的生活。

在一定的专业帮助下，西尔维娅制订了打造美好一天的计划。我们也可以这样做。我们还需要时常自我监督，以免太饿、太孤独、太疲劳或者太愤怒。当我们经历这些状态时，可以立即采取矫正行动。我们可以学着通过缓慢深呼吸来控制自己的被动性，也可以休个5分钟或者一天的短假。

管理着一个红火餐厅的约兰达学会了在休息日安排一次按摩。做完按摩之后，她能放松下来，享受周末的所有活动。到了星期一早晨，她已经准备好再次投入工作。

洛拉为本州做房产税评估，每周都要对付愤怒的人。到了星期五下午，她会因为焦虑而颤抖。她要丈夫开车带着她，默不作声地在美丽的乡村公路上兜一圈。过了一两个小时，他们会停在一个湖边观赏日落。这种沉默和绿色风景能给洛拉减压。

重复给我们安全感，变化则带来刺激。我们希望在给人安全感的固定习惯与带来新鲜感和兴奋感的特殊情况之间实现平衡。我们需要良好而稳固的舒适区，同时又希望能定期督促自己走出这个区域。

对比强化了我们的感官知觉，例如：我们乘坐小雪橇或者越野滑雪之后，能坐在火炉边喝热茶或者热可可真是舒服极了；在冰水里游泳之后，热水淋浴妙不可言。如果我们整天伏案工作，则可以通过长途散步和用新鲜蔬菜做一顿饭来唤醒身体并重新进入感官世界；如果我们一星期都在跟许多人打交道，那么单独待上一晚是好事；如果我们很孤独，也许是时候搞一次聚会了。

“换主题”是对比思考的一种准确说法。如果我们能时不时地“换主题”，改做点不同的事，那么日子就会更有新鲜感。休假是换主题，回家也是。努力做一个项目，然后停下来打电话、打盹儿或者喝杯咖啡都是换主题。

当我们从一项活动转向另一项活动时，可以设法专注于这一转化，创造条件以全神贯注、态度积极地对待接下来发生的事情。例如，在接待访客或者拿起电话之前，我们可以花一点时间深呼吸，全神贯注于即将到来的时刻。这使得我们可以真正把注意力放在自己即将接触的人身上。

打造美好一天的最重要因素也许包括控制预期。从全球来看，快乐与合理预期是互相关联的。从直觉上看，这很有道理，我们对任何事情（即将上桌的一顿饭、一次团聚或者一次休假）的预期越高，就越有可能失望。如果我们预计每天都不会有问题，那就等着失望和抱怨吧。人生有很大一部分是在解决问题。

心理学的研究人员发现，人主要可以分为两类：保持低期望值的最小化者和希望每次体验都好于实际情况的最大化者。最大化者可能会在一个星光灿烂的6月夜晚把帐篷支在最佳地点，然后发现一只蜘蛛，就觉得整个露营活动都被毁了。最小化者往往满足于现有的一切，他们乐于接受“足够好”的经历。在野营旅行中，即便下雨了，或者忘记带热狗了，他们还是会很开心。幸运的是，最大化者可以教会自己降低预期，矫正让小小的失望影响整个活动的倾向。随着时间推移，这样做会使他们快乐很多。

对于老年女性来说，一切都有附加条件。但只要我们意识到人生的强度和锐度，只要我们有合理预期，就可以享受人生。我姨妈格蕾丝说："我得到了我想要的，我知道应该想要什么。"

与保持合理预期相似的一个技巧是客观看待问题。30年前，我和丈夫失去了一个患脑癌的好朋友，从那以后，每当我们开始暴躁时，我们就告诉对方："幸好不是脑癌。"当有人在龙卷风或者飓风中失去自己的房子时，我们经常听到最坚韧的人说："至少人没事。"

处境艰难时，要做短期思考。从长期看，我们都会死。但从短期看，我们可以只为一天的快乐做规划。如果生活格外艰难，那就只想接下来的10分钟。

与这种理念相似的规则是，有必要把复杂项目分步进行。铃木音乐教学法的老师们熟谙这种策略，使孩子们可以通过足够小的步骤学会演奏交响曲。同样，我们可以把一个复杂程序（比如更换住房）分解成可控的小步骤。我喜欢针对艰巨任务的"一天一小时"规则。如果一项任务非常艰巨，我就告诉自己，今天只干一小时。随着时间推移，我会完成它。

唯一真实的时间是我们留意到的时间。也许我们能给自己的最好礼物之一就是放慢速度，一次只做一件事。我们几乎很难做到这一点。事实上，马丁·塞利格曼（Martin Seligman）的新研究表明，我们人类天生喜欢考虑未来，去期待、规划和担忧。正如我的一位朋友所说的那样："我不确定自己有没有活在当下的时候，我与这一刻之间隔着好多层呢。"

不过，如果没有日程表，世界可能会变成一个大得多也有趣得多的地方。最近，我送给外孙科尔特兰一个维京舰船的模型，需要通过切割和粘贴来组装。我们忙活了几分钟，然后科尔特兰从桌边跳了起来，打开他的电子钢琴，开始唱歌跳舞。

有那么一会儿，我试图把他吸引回舰船这边，我甚至说："外婆自己可做不好这条船。"科尔特兰还是继续跳舞。突然之间，我意识到了自己在干什么。我开始和科尔特兰一起唱歌跳舞。我提示了"雷电"和"高山"之类的词，帮助他编新歌。我们都被他傻乎乎的歌逗得哈哈大笑。这段经历就是活在当下的欢乐一刻。

当我们意识到自己不必着急时，生活就简单了许多。我们可以学会适时把清单扔到窗外，迈入当下。如果我们的老猫跳上我们的膝头，我们可以停下正在列待办事项清单的手，跟我们打着呼噜的朋友依偎一会儿。如果我们在看杂志，来了个想烤饼干的孩子，我们可以找出量勺、面粉和白糖。如果朋友在我们打扫车库的时候建议去散步，我们可以说："好，好，好。"

埃洛伊丝知道什么才重要，而且是一位世界级的珍惜能手。4年前，她失去了患肺病的丈夫，她不知道自己还能不能快乐起来，但随着时间推移，她重建了自己的生活。尽管痛失所爱，但她具备过上美好生活所需的态度和技巧。

她的丈夫比尔·克勒夫科恩是内布拉斯加卫斯理大学的英语教授，还是内布拉斯加州的桂冠诗人。他有不寻常的个性，也有不寻常的人生。埃洛伊丝高中就认识他了。丈夫去世之后，她化解了哀伤，在有意义的工作中消除了孤独。

最近，我到埃洛伊丝现在居住的辅助生活型养老社区[①]看望她。当她在入口处迎接我时，那充满活力的样子令我惊讶。她是个

① 是一种以能够满足老年人不同级别的医疗健康及个人护理需求为出发点而设计形成的社区模式。——编者注

小个子的苗条女性，有着明亮的褐色眼睛。她很骄傲地向我展示她的新家。

我们沿着“主街”往前走，街上有旅行社、银行和药店，还有养着金鱼的喷泉和宽敞而明亮的自助餐厅。她指着自助餐厅外的一条步道告诉我，它连接着我们城市的步道系统。

我们走楼梯前往她在三层的公寓。她朝外指了指她最喜欢的地方——一个可以俯瞰绿地的阳台。她说，她最快乐的事就是坐在这个阳台上看书或者观赏鸟类及其他野生动物。

我们坐在她的起居室里，那里摆满了比尔的照片，还有比尔喜欢的瓷猪。埃洛伊丝一边煮咖啡一边告诉我，她总的来说很健康，还在开车。她与朋友家人保持着密切联系。

埃洛伊丝告诉我：“比尔去世的时候，我根本没想过搬家，我太伤心了。”她在他们的房子里又住了3年。去年，随着冬天到来，加上家里即将大修，她决定搬家。她的一个孩子不愿看她卖掉房子，但埃洛伊丝说：“比尔肯定愿意我待在安全和快乐的地方。”

她谈到对比尔的思念。她喜欢去一个她称为“比尔的岩石”的地方。她坐在这块岩石旁，告诉他家人的近况。

林肯的克勒夫科恩小学以比尔的名字命名。四年级的孩子会学习比尔的生平和作品。埃洛伊丝说，她每星期去那所学校几趟，和孩子们谈谈比尔。她给他们讲述他是个什么样的人，并帮助他们背诵他的诗歌。埃洛伊丝告诉我，孩子们总是问比尔是怎么死的，她实话实说。他们还问，她是否会死。她告诉他们：“所有人都会死。重要的是我们在活着的时候感到快乐。”

与埃洛伊丝这样祖母辈的人谈话有助于孩子们坦陈自己的感受。埃洛伊丝说：“有些孩子给我讲了有关祖父母去世的事。我就坐在他们身边倾听。”

埃洛伊丝也讲了一些关于痛失亲人和朋友的事。她在一个笔记本里按日期记下了朋友和熟人的离世。她沉思道："这里的所有人都经常失去亲朋好友，但那不能阻挡我们享受快乐时光。"

她在新家的合唱队唱歌。她加入了"步行一英里"俱乐部，每顿饭后与俱乐部成员一起在室内田径场散步。她还参加了一个内部读书俱乐部。埃洛伊丝说，她喜欢和别人在一起，也喜欢独自一人的自由。她发现爱说闲话的人和爱抱怨的人很惹人烦，她学会了避开他们。她只要在自己的房间里看书就很快乐。

她最亲密的朋友之一也是寡妇，亡夫原来也在内布拉斯加卫斯理大学工作。她们俩有同样的哀伤，如今定期碰面吃早餐和外出活动。

埃洛伊丝为有这样令人愉快的住处和如此优质的生活而心存感激。她和比尔的工资都不高，但他们很节俭。她说："我为能有财力住在这样的地方而心存感激。我的许多朋友可没有这么幸运。"

我离开的时候，埃洛伊丝给我看冰箱上的画，那是小学的孩子们送给她的。我最喜欢其中一只漂亮的猪，上边注明"给我的朋友克勒夫科恩夫人"。

埃洛伊丝具有极佳的航行技巧，她知道怎样为自己打造美好的一天。失去比尔后，她找到了焕发生机的办法。她搬到了一个易于维护、有意思的人随处可见的地方。她既在合唱队唱歌，又享受独处时的生活。她借助持续了一辈子的健康习惯保持生活的平衡。埃洛伊丝具备至关重要的技巧，知道该在生活中寻找什么，也知道找到之后该如何加以享受。

我们会找到自己寻找的东西。当我们寻找幽默、美或喜悦时，会发现它们全都触手可及。埃洛伊丝无论走到哪里都喜欢寻找爱的迹象。如果她看到一对夫妻在等公交车时手拉手，或者一位白发女士拿着蛋卷冰激凌走进医院，抑或一个年幼的孩子在演奏会上一本正经地演奏大提琴，她就为在宇宙间发现又一个爱的迹象而感到喜悦。

我们的意识是由关注点形成的。快乐需要我们选择关注这个而不是那个。正如骑师知道马会朝着骑师注视的方向走，我们可以学会注视我们想去的方向。

结束一天是体验美好一天的关键内容。在我们等待进入梦乡时，如果回想这一天发生过什么让我们有所领悟、感到自豪或者得到快乐的事，并且重新回想最快乐的时刻，就能安抚我们的情绪。我们还可以祈祷或冥想——安抚情绪的活动比给人忧虑的活动多得多。

昨晚，我做了关于死亡、囚禁和孩子受虐待的噩梦，在凌晨4点惊醒。我实在激动不安，没法重新入眠。我做了一会儿缓慢的深呼吸，为所有遭受痛苦的人祈祷，然后决定回想外祖父母在科罗拉多州弗拉格勒的小房子。

我有超过45年没去过他们的房子了，但我还能在想象中走进一个个房间，还记得我外祖母梳妆台上的照片、我们玩多米诺骨牌和跳棋的起居室里的牌桌、餐厅里朝向一棵白蜡树的落地窗，以及摆着小红桌子的厨房和站在灶前的外祖母。我看到储藏室里的一瓶瓶水果罐头。我仿佛可以尝到她制作的梅子罐头，回想起她在橱柜里摆放盘子的方式。我回忆着她那装满燕麦和糖浆饼干的陶瓷饼干罐，不知不觉进入了梦乡。

第十一章
联结感：绝望情绪的解药

“要练就犀牛一样的厚皮。你不要计较任何事。你不能记仇。你必须在一天的工作完成时才结束。不要轻易泄气。一次次接受失败，重整旗鼓，继续前进。”

——埃莉诺·罗斯福

“共情……是最非凡的情感。”

——格特鲁德·斯泰因

诺拉和罗杰成年后的大部分时间生活在一个很小的城郊社区。退休时，他们决定做点事情帮助自己的小镇。经过一番交谈，他们意识到整个社区没有一个公园。于是，他们组织了一群朋友改变这种状况。这是一项长期工程，需要筹集资金，寻找处于主要居住区之间的廉价土地，还要跑到各个行政部门去办许可证。4年后，他们这群人种了树，买了喷泉和游乐设备，修起了滚球场和匹克球场。

诺拉和罗杰种了一棵银杏树，以纪念诺拉在工程期间去世的母亲。他们每晚去公园散步，经常看到正在野餐的家庭。诺拉和罗杰去世很久以后，他们的社区还有让孩子们和成年人娱乐的地方。

行动是绝望情绪的解毒剂。它未必能帮助全世界，但它总能帮助我们。希望源自参与给人以希望的进程，比如绿化社区花园、为公益事业投入时间或金钱、帮助我们这个两极化国家中的人们学会互相尊重和体谅。

我们老年女性格外适合从事社区工作。我们积累了数十年的技巧，知道怎么做那么多事情。我们往往在同一个地方生活多年，知道有哪些挑战，以及如何让体制造福大众。如果我们走运，可以成为“联结者”——联结不同人与资源的人。

我们有人生智慧、百科知识以及解决长期复杂问题的时间。我们可以与掌权者建立关系并且获取信息。我们可以帮助儿童、年轻人和老人。有了这样做的决心，我们就有了动力。只要相信我们自身的力量，就能创造出力量。

就连我们当中对全球事务感兴趣的人都经常发现，说到改变局面，我们会在本地社区获得最丰硕的成果。我们对这里最了解、最能施加影响、最有感情。无论我们感兴趣的是治理、教育、社会公正，还是环境问题，通常我们在靠近家的地方工作时都会最有效率。

我在幽灵牧场静修时，琳恩负责管理合唱。她音色优美，是个充满活力的领导者。静修结束时，我询问是否可以跟她做个访谈。

琳恩嫁给了一个妻子去世、留下五个孩子的男人。她的丈夫莫迪凯是个终生的行动主义者，在费城做社区干事。琳恩尊重他的工作，但因为忙于照顾孩子，所以无法深入参与其中。在最后一个孩子离开家后，琳恩加大了参与力度。她觉察到了我们的生态问题和全球难民危机的紧迫性。她组建“自觉老人网络”，以助力老年人为公益事业出力的热切愿望。

琳恩觉得她在逐渐接受作为老人的自己。她喜欢用“老年”这个词来描述承担起解决问题的责任的老年人。她现在67岁，觉得自己还有10~15年可以积极参与、改变世界。她说：“这些都是我的辉煌岁月，我正处在最自由和被赋权最多的时候。”

随着年龄增长，她变得更加善于思考。她解释说：“我现在有时间考虑重要问题了。我对成功变老的定义是有亲密的人际关系、有充实而有意义的人生。”

琳恩说，她想带着好奇心面对自己的死亡。她想感受到因为她的存在，世界变成了更美好的地方。她说：“活着是一种荣耀和荣幸。随着逐渐变老，我尽量不专注于自己的悔恨和失败，而是专注于自己的成就。”琳恩觉得人生本身是个花园，她想在里边劳作到告别人世。她想在这里增加点色彩，在那里增加点深度，再尽她所能增加点光亮。

我们所有人都可以给予别人一些什么。无论我们有什么样的礼物，都可以送出去。我们可以照顾隔壁独居的邻居或者在医院做义工。我们可以给无家可归者捐衣物或者在救济厨房工作。我们可以在主日学校教课或者在一个委员会任职。我们可以在公园捡垃圾或者为老弱病残者送餐上门。无论我们有什么样的才能或兴趣爱好，每个人都有工作可做。

我认识的许多非常快乐的女性是行动主义者。写到这里，我想起南希在一次关于水力压裂废水的立法听证会上引用《圣经》中的话，我看到克里斯蒂举办年轻人竞选公职的募款活动。我们做宣传工作的时候，与各种年龄和持有各种观点的人接触，不断加强对世界的了解。作家戴维·布鲁克斯（David Brooks）写道，加入每个月碰一次面的团体给人带来的幸福感与收入增加一倍等同。我不确定这是否适用于最贫困的公民，但我可以证实，加入一个好团体能带来快乐。

行动主义很复杂。如果我们胜利了，会感到欢欣鼓舞，但如果失败，尤其是在关键事情上失败，就可能一蹶不振。此外，所有行动主义者都需要设置界限，否则我们会筋疲力尽。满怀激情的人可能每时每刻都能找到重要工作。我有位朋友曾在星期六午夜给我发邮件，提供关于气候议题或者政策调整的新资讯。我们应该努力平衡自己的工作与休闲。工作是好事，休息也是好事。

桑迪一搬到林肯，就马上投入了多个义工项目。她聪明、负责，受到所有合作团体的推崇。然而，大约半年后，她退出了所有活动。她迫切地想要帮助别人，结果把自己累坏了。我希望过些时候，她能重新成为公益事业的有力倡导者。也许，下一次她会更注意保护自己，从而实现长期参与。

这个警示性的故事适用于我们所有人。我们不想过分热情，即使那意味着我们每周只能用一小时帮助别人，也没什么不可以。如果我们喜欢打盹儿或者晚上9点睡觉，可以找一项允许自己保持原有习惯的工作。如果我们只想跟动物打交道，可以想个办法实现愿望。这个人生阶段的一大喜悦是，我们可以学着允许自己休息，品味自己的生活。如果我们不休息，可能就会筋疲力尽，认定自己不适合帮助别人。这对我们和世界来说都是个可悲的结论。

我们都想帮助别人，但不想浪费时间。我们想了解相关信息，但不想过多担心自己不太可能施加影响力的东西。我会区分“可行动性情报”与我所谓的“干扰性情报”。

在内布拉斯加州，可行动性情报的一个例子是，有消息说一家大型鸡肉加工厂正在申请获准搬迁到我们社区的上游。这家工厂可能会污染我们的空气和水，对我们的健康造成威胁。公民们可以基于这个消息采取行动，给我们的议员打电话，或者组织抗议活动和社区教育讲座。另一方面，在内布拉斯加州，当我们听说海水酸度提高或者冰盖在融化时，我们感到无能为力，这是一种干扰性情报。

我们谁都没有责任单枪匹马地拯救世界，但都可以根据自己的处境尽力而为。通常说来，尽力而为意味着与他人合作。团体能比个人更高效地完成任务。与他人合作使我们得以与人分担挑战，并且通过共同承担来找到安慰。

每个社区都有我们的用武之地。无论我们有什么爱好、有什么才能，都能找到一个帮助我们改善世界的团体。我们可以选择与自己喜欢的人合作。如果难相处的成员使得团体令人不快，我们谁都无法坚持从事社区工作。

组建团体很容易。我们可以请一个人出去喝咖啡并且同意加入一项事业。一旦我们知道自己的目标，就可以邀请别人加入我们，最可靠的办法是邀请自己知道的可以贡献某种专业知识或技巧的人。只有通过邀请才能加入的团体使得我们可以与靠得住的人合作。

8年来，我参与了一个为阻止我们州铺设大号拱心石管道而组建的团体。我们的团体是这样组建的：帮我修剪树木的年轻人布拉德跟我谈起他对全球气候变化的担忧，我跟他有同样的想法，我们决定请一些朋友下周来我家吃晚餐，商量我们能做些什么。这么多年过去，团体还在壮大。我们也开始在大号拱心石管道以外的议题上合作，比如使用清洁能源、推销本地食品、在我们州展开气候变化宣教以及保护我们的水资源。

我们的团体取得了很大成就，包括至少到目前为止阻止了大号拱心石管道的铺设工作。我们还鼓励环保主义者竞选公职，唤起公民和立法机构对环境问题的重视。不过，我们的主要成就之一是振奋了团体成员的精神。我们注重乐趣与关怀。我们每月会面一次，在某个人的家里带菜拼餐，分享红酒和美味的家常菜。我们的会议既是严肃讨论，也是温馨聚会。我们的使命和相聚的乐趣使得整个团体多年来一直保持着运转。

当然，我们的团体也有相当乏味的工作，但我们努力使之具有乐趣。在开展必须完成的艰巨工作时，我们互相支持。我们年复一年地在自己认为至关重要的项目上合作。我们交流关于事件的资讯。我们规划行动。我们团体中最年轻的成员是蹒跚学步的鲍勃，他从刚出生就开始列席。我们的成员要么二三十岁，要么在65岁以上。处于这两个年龄之间的人往往忙于养育子女和谋生。

并肩工作很有乐趣。老年女性举办这些会议并且准备简餐，我们往往是有人脉、有资源、知道在本地如何办事的人。而年轻人精力充沛，贡献了体力劳动和社交媒体技术。许多年轻成员是艺术家，与音乐界有关联，负责规划提高认识的教育论坛、节日和音乐会。我们有太多的东西可以教给彼此。

有一阵子，我们老年女性自己烤苹果派，作为奖品送给采取行动保护环境的本地政界人士。每当我们这样做的时候，都会召开新闻发布会，以便获奖者能够以良好形象出现在报纸上。谁不喜欢免费的家常苹果派呢？

我们没有对自己在世界上看到的问题感到绝望、悲伤或愤怒，而是组建了一个团体。我们逐渐开始互相关心。马丁·路德·金说，为了公益而与他人合作就相当于加入了一个深爱的社区。我们的团体现在就是这种感觉。

我们并非都需要组建团体，可以加入现成的团体或者投入某种社区服务。我这个小区的几位女性一起在投票站工作，另一批朋友则参加了一个在养老院唱歌的小型合唱队。重要的是知道我们自身的优势和才能，然后用于服务我们的社区。

我与三位社区领导人在名叫马隆中心的本地非洲裔美国人社区中心见面。埃拉和科琳娜年近七旬，莎伦75岁。科琳娜是个丰腴而从容的女人，穿着蓝色牛仔裤和长袖运动衫。莎伦身穿印花连衣裙，妆容和发型一丝不苟。埃拉身体瘦弱，讲话温柔，坐在她们俩中间，用点头和拍拍朋友胳膊的方式温柔地鼓励谈话继续进行。

科琳娜自我介绍说，她是个十分虔诚的人。父亲去世前，推荐她加入了一个教堂。他希望她在一个充满爱的社区有一席之地。她以前从未考虑过这一点，但还是接受了他的建议。她为自己的决定而心存感激。她现在有了可以安然相处的人、一起哈哈大笑的人、能够照顾她的人。她最重要的目标是与上帝形成更亲近的关系。

埃拉是努力保持健康的癌症幸存者。她是终生学习者，在社区学院学习非洲裔美国人的历史。她在红十字会和一个教导问题青少年的项目中做义工。空闲时，她在自己的小区里到处转悠。如果看到孩子们有不当行为，或者听到他们说脏话，她会鼓励他们改善行为。起初，孩子们就像受到了侮辱似的，但如今，他们喜欢她、尊重她。她说：“我看不到从前那种粗鲁行为了。”

莎伦也是终生的行动主义者。她告诉我，她喜欢帮助各个种族的人。她一生的大部分时间在一家社会服务机构工作，现在在管理面向家暴受害者和新近保释人员的支持团体。她教团体成员勇敢保护自己，教他们成为参与社区活动的有担当的成年人。

经常有人要求莎伦、埃拉和科琳娜做更多事。她们想帮忙，但也想享受她们在这个人生阶段的生活。她们审慎地决定同意承担多少工作。埃拉已经学会说："我考虑一下。"她们都有一条规则，那就是在没有认真思考一整天的情况下，不接受任何求助。她们太阳落山就停止工作，星期日休息。科琳娜说："星期日就连上帝都不工作。"

她们都有自己的娱乐方式。科琳娜和莎伦都喜欢在乡间开车散心。莎伦喜欢在星期六晚上跳舞。埃拉爱看书，爱听音乐。她们都玩拼字游戏、都打牌。

三位女性生活在这个历来居住着非洲裔美国人、名叫马隆中心的地方。她们都认为这个地区发生了巨大变化。在她们人生中的大部分时间，这里都是个稳固而生机勃勃的社区，大家彼此认识，知道街头巷尾的新鲜事。莎伦笑着说："我们不能干坏事，因为大家都盯着呢。"

过去，许多成年人会帮助他们的社区成员。科琳娜的母亲曾协助高中生申请大学和助学金。老人们坐在门廊上，留意所有事情。马隆中心每天都挤满了前来参加活动的家庭。埃拉说，社区领袖随时在场，随时发声，鼓舞人心。

然而，在过去的15年里，情况发生了变化。附近的大学希望扩大到该小区，学校购买土地，许多房屋被拆除。社区解体，许多传统消失了。女人们说，她们对此并不感到愤怒，只是感到悲哀。她们还记得该地区的人们关系亲密和家庭更健康的年代。

这三个女人一致认为，从历史上看，非洲裔美国人比白人更尊重老年女性。即使现在，非洲裔美国人也不太可能把年迈的亲人送到养老院去。但她们一致悲哀地认为，老年女性已经不像过去那样受尊重了。莎伦说，年轻父母没有教给孩子们尊重长辈。她们都认为，现在的孩子过于关注电视和电子游戏。

三个女人对此感到沮丧，但也热切地想要承担起改变这种局面的责任。

莎伦说："我想一直工作到死。"

埃拉笑着说："我也是，但我想做轻松的工作。我只想爱大家。"

科琳娜说："我努力遵守黄金法则，这个工作量可不小。"

天气晴好的时候，三个女人都坐在自家门廊上。她们问候邻居，跟年轻的妈妈们聊孩子。她们知道自己这条街上的人和狗狗的名字，她们把一切都看在眼里。科琳娜笑着说："我们在前门廊上就可以做很多出色的工作。"

美国原住民的文化为齐心协力做公益树立了最好的榜样。许多原住民共同的传统包括与所有生灵和大地的强烈联结感。他们极其尊重族人的历史和传统。他们放眼未来，做决定时会考虑到未来世代，包括未来世代的植物和动物。

我用了一上午时间与奥马哈部落的一位成员勒妮讨论她为未来世代所做的工作。我是在春溪草原的一个水之祝福仪式上认识勒妮的。当时她身穿传统服装，在一个小池塘边唱歌。她是个仪态高贵的高个子女人，有着乌黑的长发和坦诚友善的脸庞。

两周后，我去她家与她谈话。她的墙上挂满了美国原住民的艺术品，还有一张用来展示鹰羽和香草编织艺术品的桌子。她是个讲话温柔的女人，有着强烈的使命感。

当我问她出身于哪个部落时，她讲了两小时的故事来回答这个问题。故事以她的族人随奥吉布瓦人从魁北克迁到密苏里河流域为开端，以她现在作为斗士、水保护者、社区治疗师和语言学家为结尾。

勒妮讲到自己的时候，从来不将自己作为个体，而是作为部落成员。她把事件概念化为一条漫长时间线上的一小段。例如，她认为反对在立岩附近铺设达科他输油管线的斗争是原住民为保护自身土地、水和条约权利而展开的持续斗争的一部分。

她解释说，在整个18世纪，奥马哈都是个繁荣且人口众多的部族。他们控制着密苏里河从密苏里州到南达科他州的河段。但在1804年，他们的部落因为天花死了很多人。这次灾难摧毁了部落的文化和历史。许多讲故事的人、女巫医、宗教领袖和工匠大师都死于这次疫病。等到法国毛皮贸易商到来时，他们的文化已经岌岌可危。

勒妮是一位与法国贸易商结婚的奥马哈头人女儿的后代。贸易商与部落成员通婚，以巩固他们与部落领袖的关系。此外，新妻子往往会讲好几种当地语言，可以充当翻译。

勒妮的父母是林肯社区的行动主义者，也是美国印第安运动的成员。丹尼斯·班克斯（Dannis Banks）、拉塞尔·米恩斯（Russell Means）和其他许多领导人到她家吃过晚餐。她还是小姑娘的时候，父母带她去了翁迪德尼。她告诉我："从我年轻时开始，我就觉得自己可以做大事。我天生不是做小事的人。"

早在少女时期，她就是文化的学习者。她在年度冬夏至和春秋分的聚会上了解自己的部落。在这些活动中，她注意到大家会谈起古老仪式，但并不知道这些仪式该如何举行。她觉得自己要研究部落历史和仪式，然后教给其他人。

18岁时，勒妮从林肯搬到了梅西附近的奥马哈保留地。起初，她不太习惯保留地的生活方式，最终却喜欢上了这里。她在这里感到轻松自在。获得大学学位后，她向奥马哈儿童讲授他们的历史、仪式和语言。

勒妮的丈夫出身拉科塔苏族部落。她成了指定的水保护者。她参与汗屋仪式[①]，获得了她的第一根鹰翎[②]。最后，她成了正式的部落斗士。她现在主持水仪式和青少年的灵境追寻[③]。她创办了一个讲故事的项目。勒妮告诉我："我工作的时候，能量穿透我的全身。我知道自己是在神圣之地工作。"

本章的所有女性都在设法与他人建立联结并且帮助他人。她们是快乐的老人，早上醒来时抱有千金难买的目标感。她们找到了绝望情绪的解药。当我们组织起来并肩工作时，就有能力改变世界。无论我们是什么人，无论我们身在何处，都有人需要我们。当我们为行善而采取行动时，就会激发自身的力量，从而过上更真实和联系更紧密的生活。

---

① 是美洲印第安人满足精神需求、治疗身心疾病与传承民族文化的重要方式。其形式有点类似于桑拿浴。——编者注

② 拥有鸟羽象征着勇敢、美貌与财富，战士们戴鹰羽冠展示自己所获的战功。直到今日，印第安人在重要场合还会戴上鹰羽冠。——编者注

③ 是印第安文化中沿用至今的古老仪式，可以揭示我们来这个世上的目的。——编者注

第十二章
我们无法改变过去，但可以让自己的故事反转

“有些故事是下沉的船，尽管周围随处都有救生艇来来去去，但我们许多人还是随着这些船下沉……我们以为是自己在讲故事，但往往是故事在告诉我们，告诉我们去爱或者去恨，去看或者去无视。故事往往给我们备了鞍，骑着我们，用鞭子抽着我们前行，告诉我们该做什么，而我们则不加质疑地照做。”

——丽贝卡·索尔尼特（Rebecca Solnit）

“是记忆给了内心动力，给了大脑刺激，促使玉米从种子变成果实。”

——乔伊·哈尔霍（Joy Haryo）

生活在奥斯汀的西尔维娅知道了她控制的不是人生，而是关于她人生的故事。一想到外孙和外孙女跟着圣诞节的音乐在她厨房里跳街舞，或者在前院向参加“西南偏南音乐节”（South by Southwest）的人群出售柠檬水，她就咯咯直笑。她感谢自己的生活

里有这样制造喜悦的人。她甚至认为，随着外孙和外孙女对刘易斯施展魔法，他可能会重新快乐起来。她认为自己的价值在于竭尽所能地履行责任。就连她误入歧途、吸毒成瘾的女儿，有朝一日可能也会回家来。西尔维娅会接纳她的。

我们无法改变自己的过去，但可以改变自己的故事。影响我们生活的不光是长期历史，还有我们向自己讲述那些历史时的方式。故事使我们能够解释自己的生活、化解无处不在的矛盾、理解自己和他人。

我们不是在理解世界，而是在用我们的意识、记忆以及表述经历的方式建构世界。

有时候，故事会骤然改变。我们许多人都认识某个据说“婚姻幸福”的人，直到她离婚。然后，转眼之间，体面、“足够好”的配偶变成了自私自恋的白痴。当我们试图把自己的记忆与朋友的新故事合为一体时，大多数人体验了故事的反转。另一方面，我们会随着时间推移逐渐改变自己的故事。

合理的故事以现实为基础，在一定程度上包含我们的所有经历——我们的错误、悔恨、创伤，但也有我们的胜利、喜悦和坚强时刻。我们认可自己的观点，也意识到别人对事物有不同的看法。

把我们的故事建立在现实基础之上，远不像听起来那么容易。我们都无法完全做到这一点。事实难以捉摸。我们有太多假设，太多理所当然。我们相信自己的幻想，追逐抚慰人心的幻觉，逃避令人不快的确定之事。或者，我们选择苦恼，编出困境重重的故事，沉溺于哀伤之中。当我们的故事令自己感到悲伤、孤独和无助时，我们可以试着形成一个更好的故事，不必牺牲真相，只为达到愉快和感恩的目的。

我们可以用宽容和积极的态度看待他人和自己。整个故事可以被重构。我们可以回忆自己做出坚韧反应的历史，可以创造适合自己的叙事方式，就连我们最痛苦的经历，都可以重提。我们可以问：“那一切是怎么把我变得更坚强的？”“我从那段经历当中学到了什么？”“当我回顾那一天的时候，对哪些事感到自豪？”

我们可以缓慢训练自己思考让我们焕发生机的故事的能力。我们磨炼换位思考、情绪处理和重新表达的技巧。饱含喜悦、善意和勇气的故事能赋予我们力量。

* * *

通过形成新故事，薇洛能够应对索尔的帕金森病和她的退休生活。她告诉自己：“我现在有了新生活和新的优先重点。”她感受到了对索尔的柔情和强烈的忠诚。她的身份从职业女性变成了索尔的护理人。她醒来时就会想：“今天有什么会让我们快乐呢？”

她的优先重点是为他们俩打造美好时刻。她为他准备他最喜欢的食物，给他按摩后背，在帮他洗澡的时候给他讲笑话。一天，他笑得太厉害了，于是说：“打住，不然我要摔倒了。”这使得他们俩又笑了好一会儿。

他们躺在床上看报纸，或者玩金拉米纸牌。事实表明，这段灰暗时期令薇洛感受到了意想不到的乐趣。随着索尔的健康状况恶化，他变得更加快活和达观。她对他的爱与日俱增。

如同薇洛一样，我们都可以接受自己的痛苦，然后转向更让人喜悦的东西。我们可以专注于自己的坚韧，记住我们的喜悦或悲伤。我们可以形成故事，告诉自己，我们是别人的至亲至爱。我们坚强、坚韧、受尊重、有价值、宽容、快乐。我们都有这样的故事，只不过要去发现它们。

“我得救了”或者救赎的故事往往是积极的。匿名戒酒会和匿名戒毒互助会帮助人们打造救赎的故事，让人们“获得新生”的福音教派也是一样。就连重温结婚誓言都可以发展成救赎的故事。这个仪式可能会暗示我们自己很久以前是某种人，而如今是与人携手共度新生活的不同的人。

和解的故事比比皆是。“浪子回头”[①]是这样的故事，还有许多母亲和“浪女”回头的故事。和解的故事讲述重聚的姐妹、宽大为怀的朋友，还有其他关于握手言和、喜迎未来的情节。许多人因为告诉自己“有人需要我”而大受鼓舞。

要重写自己的故事，需要努力和想象力。我们可以通过日记、绘画、音乐或其他艺术的方式来获得想象力。我最喜欢写作的一点就是，我可以复述发生在自己身上的任何事。而在复述时，我可以用更美好和更令人快乐的方式构思事件。的确，所有艺术不都在试图讲一个更好的故事吗？

我们的一些故事能激发最美好的情感，还有些故事则带来绝望、恐惧或者愤怒。我们可以向自己发问，以回想起自己多年来的善意、勤劳和坚强。我们可以探寻自己未曾受过赞扬的美德以及生存技巧。

当我们思考别人的观点时，我们的叙事方式就变得更加清晰、复杂和有用。朋友可以倾听我们的苦恼，然后提醒我们想起自己曾经告诉过他们的其他故事。当我们忧郁时，如果有人提醒我们，我们以前经历过困境并且自我拯救过，那会有很大帮助。伴侣在这方面往往能发挥很大作用。我的朋友琳达为她的高中同学在50年后

---

① 《圣经》中，耶稣说过一个浪子回头的故事，发生在父亲和儿子之间。——编者注

的聚会写过一篇简短的成年生活总结。她丈夫看到的时候说："你只讲了你的损失和失败，为什么不讲讲工作上的成功和骑马的新爱好呢？"

埃玛的日程安排过满，当她因为任务过多而手忙脚乱时，她的"直布罗陀巨岩"[①]克里斯经常会拥抱她，并且用幽默来帮助她客观看待事情。当她告诉他，爱丽丝让她发疯时，他总是回答说："不是风，是大太阳。"他们会哈哈大笑，埃玛会感觉好一点。抛开别的不说，她知道自己的处境还没有糟到他们不能拿来开玩笑的地步。

克斯特蕾尔在形成新故事方面遇到了困难。她总是用尖刺保护自己，如果不管用，就用酒精治疗伤痛。在对外封闭自己的状态下，她感到孤独但安全。

母亲罹患癌症的那个夏天，克斯特蕾尔的旧有故事不管用了。她不再感到安全，酗酒也无法麻痹她的恐惧感。她突然感到需要别人的亲近和宽慰。

她意识到，她的愤怒使她以极大代价换来了自己在情感上受到的保护。她错过了去建立联结，甚至去爱的可能。爱母亲不是个巨大挑战，但全心全意信任贝卡令她害怕极了，简直比父亲的愤怒更令她害怕。

克斯特蕾尔在需求与恐惧之间摇摆的同时，贝卡倾听并且尊重她的界限。然后，一天晚上，贝卡和克斯特蕾尔通电话时，克斯特蕾尔说："等我回去，咱们确定关系吧。"

她们俩都笑了。贝卡说："说话算数。"

---

① 位于地中海西南端西班牙南部直布罗陀港城附近的一处悬崖，象征十分安全、可靠或坚如磐石。——编者注

克斯特蕾尔突然有了新故事："我有女朋友了。"

* * *

仪式和活动给了我们构建新故事的机会。我们老年女性往往有多种方式重提旧事。我们可以参加班级聚会、家庭婚礼以及生日和纪念日庆典，就连葬礼和追悼会都是共同关心某个人的人们重聚的机会。

我们许多人觉得这些场合使我们能够重新表达自己的故事。当我们与他人谈起他们对于我们共同往昔的记忆时，我们意识到在某个特定时间有多个不同的出发点。我们可以问："你对我的家庭记得些什么？""你对我小时候能想起些什么？""你对八年级记得些什么？"

我们可以策划和实施表明自己即将进入不同故事的仪式。我和儿媳每年1月都会开车去一个静修中心，聚在一起，从一年的故事走向下一年的故事。我们花时间看书、静默，谈论过去的一年以及我们在新一年的愿望。我们的讨论使我们能够有意识地形成治愈的故事。有些人可以把洗衣变成引人入胜的故事，还有些人能把南极之旅讲得无比乏味，区别是情绪和动机。"国王去世了，王后去世了"是陈述事实。"国王去世了，王后哀伤而死"是故事。故事始终是对事实的解读。

随着年龄增长，我们可以更有技巧地讲述鼓舞人心的故事。例如，当一个朋友对我们态度粗暴时，现在的我们很可能会想："她今天过得不顺心。"而我们比较年轻的时候，可能会认为："她不喜欢我了。"这是因为我们大多数人已经学会了对事不对人。宇宙间发生的几乎所有事情都并非以我们为中心。

作为心理治疗师，我试着帮助来访者打造更好的故事。我提出的问题包括："你在哪些时候比自己想象的更勇敢或者更坚强？""如果你既快乐又满足，那你的生活会是什么样子？"

当我治疗有精神创伤的受害者时，我问："如果回想当时那种可怕的情形，你能做什么让自己感到自豪的事呢？"这个问题带来的回答包括："被强奸的时候，我反抗了。事后，我报警了。""不管我在来美国的路上感到多么失落，我都努力对途中遇到的人保持友善。"

多年来，我也见到过几乎没有故事可讲的来访者。他们不记得自己的童年，也想不起自己成年生活中的经历。我鼓励他们去和记得他们童年或者年轻时代的人交谈，请对方讲故事和提供信息。我建议他们去住过或者上过学的地方——通过感官唤起记忆，有助于我们重构故事。

当来访者专注于积极的感官记忆时，他们往往会描绘海滨的夏日假期、祖母做饭的香味、城市街道上的音乐声。这些记忆有助于他们客观看待昔日的痛苦。他们记得自己快乐过，有人爱过他们。

每种感官都会唤起记忆。某些感受可能带给我们痛苦和悲伤，但其他感受可能会唤起喜悦和温情。食物往往会触发我们的记忆。当我品尝姨妈以前烹制过的食物时，我在品尝时光。或者，我们可能只需想起那些食物。我有30年没给我的孩子们做过牛肉吐司了，但我写到这里时仿佛能尝到它的味道。我能看到我家铺着开裂红油毡的小厨房，还能看到我年幼的孩子们急切地想要舔干净酱汁时的面孔。那段记忆让我微笑起来。

我最近去儿子齐克曾就读的高中时，走过他成为州冠军的游泳池，我便想起他戴着泳镜，穿着蓝色泳裤，站在起跳台上，摆好姿势等待发令枪响的样子。我能闻到空气中的氯气味道，并且回想起30年前兴奋的感觉。我能听到齐克结束比赛时，家长和队友的喝彩声。

也许最能唤起记忆的感官是听觉，尤其是音乐记忆。我们记得生命中悲伤和快乐时刻的音乐。如果我们专注于快乐时刻的音乐，就会回想起让我们微笑的事件。埃伦·兰格（Ellen Langer）[①]的研究表明，当人们听到年轻时的音乐，不仅音乐记忆会回来，其他许多记忆也会回来。她的研究还表明，我们可以通过倾听自己快乐时的音乐来改善身体和精神健康。

有时候，故事在“保质期”过后还挥之不去。如果我们小时候经历过精神创伤，那么很可能会以于事无补的方式对待自己的痛苦。我们否认，我们深藏，或者把它转移到别人身上。我们麻痹或伤害自己，不再信任别人。我们可能还要与焦虑、抑郁、愤怒或悔恨展开终生的斗争。无论我们现在的生活质量有多高，都觉得只能把自己看作受害者。

我和吉姆参加落基山民俗节时，曾有机会反思一段陈年旧事。我们那年夏天忙于照顾孙辈，还在我妹妹三次住院、一次住进康复中心、接受居家护理和理疗期间给她帮忙。抵达科罗拉多州后，孩子们高高兴兴上了日托，我妹妹暂时也没事了，我觉得自己好多个月来终于第一次感到无忧无虑。

我和吉姆享受了一些惯有的乐趣。我们在珍珠街的一家意大利餐馆吃饭。在我们的小木屋，我躺在靠近熨斗山的户外门廊上，仰望着星空入睡。星期五，我们参加了气氛淳朴而友好的节日活动。星期六，我决定这一天只做自己想做的事情。

---

① 哈佛大学心理学教授。——编者注

吉姆当天上午晚些时候把我送到珍珠街，然后直奔民俗节。我步行前往自己最喜欢的地方之一——博尔德书店，沉浸在书籍的海洋里。然后，我溜达到隔壁那家有户外就餐区的咖啡馆，点了寿司和一杯红酒。我看着人们走过，细品每一口鱼和每一口酒。过了一小时左右，我开始慢慢爬山，返回我们的房间。那时天气已经很热，我庆幸自己有一瓶水。途中，我拐进哥伦比亚公墓，这是我和吉姆多年来时常开车经过的老坟场。我们总是很匆忙，没时间停下来，但我那天下午有时间。

我四处漫步，查看移民们的墓地，有些可以追溯到19世纪40年代。我寻找女性和儿童的墓碑，阅读残损的旧碑文，其中很多记录了立碑人的痛苦。罗萨·彼得曼死于1881年5月6日，当时10岁，一块小小的白色石碑上刻有女孩潜水的图案和“我们的罗萨”的字样。另一块石碑纪念的是两兄弟：4岁3个月零20天的拉里和6个月零20天的罗伊，他们是1880年1月在6天之内相继死去的。他们残破的墓碑上刻着两只比翼双飞的小鸽子。

我在公墓总是产生同样的想法：“他们来了又去了。我们来了又去了。”这种想法给我一种平和的感觉。

我躺在墓碑之间的草地上，凝望天空。我想起一个朋友教给我的日语词“Komorebi”，形容的是阳光透过树叶缝隙照过来的样子。我童年的第一段记忆就是阳光在树顶的叶子间跳动，当时我还是个小孩子，躺在草地上的一条被子上。我这辈子都在寻找那种闪烁的光与阴影的图案。在老公墓的那个下午，阳光在我头顶的榆树和枫树枝杈间闪烁并消失。远处，天空是点缀着白云的落基山脉蓝，云层聚集，即将带来一场傍晚的雷阵雨。

我在下午3点左右抵达我们的小木屋，一直看书到睡觉时间。我偶尔停下来吃新鲜无花果和桃子，随着太阳在空中移动，我从前门廊挪到了后门廊。我不记得哪天有如此快乐。

第二天，我意识到自己所做的远大于全部具体行动的总和。我体验的东西也许在大学或者刚毕业时体验过，也许在怀上我现在44岁的儿子齐克之前体验过，但我已经不记得自己有过这种体验了。当我一整天都在做自己想做的事情时，就享受了一天的乐趣。而且，我缓慢而无声地行动，以便能够真正沉思。我开始借助这种独处的经历形成新故事。

我最常见的故事是有人需要我，我必须解救他。这个故事促使我好多次冲动地表示愿意帮忙。毫无疑问，有时候对方并不需要帮助。还有好多次，我不具备帮助别人的时间或才能。

经过进一步思考，我意识到，我经常成为自己最可怕的敌人，频频在我其实想待在家里爱抚猫咪和看书的时候要求自己外出应酬。或者，当我真心想见朋友，却因为过分忙于满足他人真正或想象出来的需求而抽不出时间时，我就伤害了自己。

这个充当救星的故事发生在很久以前。当时，我是个缺乏自信的小姑娘，只有当我相信自己能帮到别人时，才会觉得安全。我不评判那个小姑娘。我至今仍然认为，她的故事非常接近现实。此外，作为一种身份特性，当个好帮手并不是最糟糕的选择。那个故事使我这一生从事了能给自己带来满足感的工作。但是，现在我意识到自己可以选择要不要延续那个“小玛丽”的故事。

做出重大人生改变的想法令我有点不知所措。也许，最好接受我原本的样子。不过，我一想到将要终生不断地延续帮助别人的行为，内心就大喊“救命”。如果我干脆放弃试图在人生中的每一天充当英雄，那会怎么样呢？如果我不再经常觉察到他人的需求（这是我在因为父母经常缺席而充当家里的大姐姐时形成的习惯），那又会怎样？我能不能丢掉这种不再有用的习惯，只活在当下？我在进入一种状况时，能不能对别人该有什么表现不抱预期？我能不能每天有那么几分钟，过一种不受目标驱使的生活？

当然，这些问题带来了新故事：关于度假、静修和写作工坊，或者关于一觉醒来精力充沛、闲散地决定怎样度过这一天。我想到这些就会微笑。在科罗拉多州度过的那一天告诉我，呵护自己可以多么有趣。

在有意识的情况下，也许我可以践行这个更爱惜自己的故事。当然不是所有时候。我单枪匹马拯救世界的被动需求还会出现，就连写书都是出于我想要帮助别人的内在需求，我喜欢写书的过程。事实上，我喜欢让大家感到被爱、安全和惬意，也许我在帮助他人的时候可以更多地自我保护，可以给自己一点回旋余地。

玛丽·奥利弗（Mary Oliver）[①]说："我认为，不光是我，对所有人、所有家庭成员来说，这都是非常可怕的童年。我勉强逃脱了。我经历了多年的痛苦。"尤其是对遭受过性虐待、身体虐待或者精神虐待的女性来说，内心的伤疤会一直疼痛。我们有些人的父母是酒鬼，或者精神有问题，抑或在物质和情感上不能照顾我们。即使我们现在过得比较满意，也还在背负着那时的包袱。

当我们经历悲伤事件时，会自然而然地产生痛苦反应。造成痛苦的第一支箭是事件本身，第二支箭是我们对该事件的长期反应。需要时间恢复是情理之中的事，但如果我们事后批评自己并且感到内疚或羞愧，那就是在给自己制造更大的困难。相反，我们可以应对并调整第二支箭带来的感受。我们可以既有接受痛苦的勇气，又有摆脱痛苦的技巧。我们可以宽恕自己和周围的所有人。

这也许是最重要的东西——我们学会放自己一马。我们原谅自

① 美国诗人，以书写自然著称。——编者注

己，我们接受自己的痛苦、错误和脆弱，想方设法地爱自己、爱生活。我们大多数人在这方面确实有进步。我们所有人都可以做得更多。只有当我们宽恕自己时，才能把这种宽恕扩展到别人身上。

有个朋友给我讲过，一位艺术家沿着海滩收集在飓风“桑迪”中被毁的房屋和店铺的破木板。许多木板又小又凹凸不平。她带回这些木板，把它们做成了漂亮的工艺品，如今挂在美术馆和收藏者家里。说到如何收拾烂摊子，这是个绝妙的比喻。

我们可能永远无法逃避生活中的悲剧性事件带来的悲伤。想起离去的朋友和家人，可能始终让我们感到心痛。生日、节日和纪念日可能会 直黑暗而孤独。如果我们过去有过创伤，也许总能感受到它的余痛。但是，有了动力和技巧，就算最深切的悲伤也会随着时间消退。

与此同时，有些微不足道的悲剧可能会变得荒谬可笑。我们许多人都有这种经历：糟糕假期的故事变成了我们最喜欢在聚会上讲述的能够引起哄堂大笑的故事。也许，我们最尴尬时刻的故事，现在都成了笑谈。痛苦喜欢同伴，当我们为自己的失败和愚蠢错误放声大笑时，可能会把悲剧变成喜剧。

美好故事构建美好生活。我们孤独的时候，可以回忆与至亲至爱共度的美好时光、灿烂的日落或者所有人准确讲述我们可爱之处的60岁生日晚宴。当我们把面对、接受和坚韧作为重点，重新检视自己的故事时，就能自信而喜悦地成长。如果认真思考，我们的故事就会使我们治愈昔日的伤痛，充满活力地活在当下。

我们可以把智慧定义为巧妙选择叙事方式的能力。当我们这样做的时候，体验的是充满意义的生活。所有当前事件都会与过去数十年的事件存在共鸣。我们可以感激所有把自己引领到当前时刻的事物。生命就是这样，因故事而变得神圣。

第十三章

感恩是一种有益健康的习惯

"所有生灵都带有某种无忧无虑和令人愉快的特质，比如鸟儿在清晨婉转鸣叫，在微风中腾空而起。"

——薇拉·凯瑟（Willa Cather）

"感谢即将降临的未知恩典。"

——美国原住民的祈祷词

上高中时，我吃力地看完了鲍里斯·帕斯捷尔纳克的名著《日瓦戈医生》。这本书里有超级多的人物，俄语人名长得读不下来，但我给名字和绰号记了笔记。《日瓦戈医生》令我震惊，我几乎在每一页都画出了部分段落，抄下了无数引言进行背诵。

近几年来，我在重读所有喜欢的经典作品，大多是我几十年前读过的。去年重读帕斯捷尔纳克的作品时，我明白了，它影响了我的生活方式。

日瓦戈医生是生在可怕时间和可怕地点的好人。无论在什么样的环境中，他都努力善待所有人，并且向他人传递希望。他对世界充满强烈的激情和热爱，对家庭、书籍和自然尤其如此。只要别人给他善意或恩惠，他就会生出强烈的感恩之心。就他对我的影响而言，最重要的是他总在寻找美。

当他从“一战”前线回家，又饿又累地挤上一列冷飕飕的火车时，他专注于菩提树花朵的醉人芬芳。最后，当他坐车缓慢穿过莫斯科去看医生时，心脏病发作，而他始终凝视着一个走在人行道上的女人那闪闪发亮的紫罗兰色连衣裙。

我从帕斯捷尔纳克那里学到，我们总可以打造一个被美淹没的瞬间。时代越令人绝望，我们越有必要寻找这样的瞬间。这种认识一次次拯救了我，也许是我最有效的应对手段。

随着我们变老，我们往往会改进自己的感激技巧。我们通过尝试和试错了解到，如果我们专注于美好和积极的东西，就会认为自己很幸运。反之，如果我们专注于不满、以往的痛苦、悔恨和失望，可能就会感到倒霉和凄惨。此外，我们很可能都经历过促使自己把感恩之心作为一种精神生存手段的悲伤事件。

感恩之心是一种可以随着实践改善的生活技巧。即使在最艰难的考验中，我们也可以学会找到自己喜爱和珍惜的东西。我不是在暗示我们应该每一刻都设法感恩，那是一种不切实际的要求。有感恩之心不是道德指令，而是一种我们可以更频繁地运用的健康习惯。

* * *

我们不可能总是应付自如。一天早晨，埃玛醒来时发现自己患上了严重流感，一只眼睛发炎了。窗外，她的花园和花园外的树木被浓雾所笼罩。她想：“我自己也包裹在一样的浓雾里。”

克里斯进来看看她是否安好，她呻吟着说："不，不，不。"

他提出帮她揉揉后背，或者给她弄点热苹果酒，她摇摇头。他问，她是否需要自己请假在家。她说："别烦我。一说话就嗓子疼。"他试着与她亲吻道别，但她挥手让他走开。

哪儿都疼，埃玛简直没法思考。她觉得实在难受，愚蠢地希望自己可以死掉。那天上午，整个世界都是水泥的颜色。

埃玛明智地给了自己不必感恩和厚道的一天，只管躺在那里呻吟。但第二天早晨，当感觉病情有所好转时，她督促自己记住生活中美好的东西。克里斯给她端茶过来的时候，她记住了茶的温暖和薄荷香味。她吻了他一下，轻咬他的耳朵，他笑的时候，她也笑了。

* * *

加利福尼亚大学戴维斯分校的罗伯特·埃蒙斯（Robert Emmons）博士对接受器官移植的患者展开了调查。他要求两组人记录自己对生活的感受，并要求其中一组人把他们感恩的五件事或五个人记录到自己的每日清单上。21天后，感恩清单组的积极调整和幸福指数的评分出现提高。在没有被要求记录感恩清单的一组，这两项指标都出现下降。

感恩之心与环境无关。按照我的经验，运气最不好的女性往往有着最厉害的感恩技巧。缪丽尔的母亲就是个例子。

缪丽尔的母亲在重症监护病房奄奄一息时，缪丽尔乘飞机横跨整个国家去陪伴她。母亲差不多总在昏睡，但并不疼痛。她呼吸很困难，已经不能自己吃喝。大多数日子里，缪丽尔只能坐在那里握着母亲的手，回想母亲漫长的悲伤历史。

母亲小小年纪成了孤儿，10岁出头就去当住家保姆，后来嫁给了一个有暴力倾向的人，此人在他们的第三个孩子出生后抛弃了她。她只上到八年级就辍学了，所以只能靠打扫旅馆房间和给廉价餐馆做饭糊口。

缪丽尔希望自己能有钱有闲，带母亲去海滨度假。她努力回想母亲享受过的奢侈，但一样也没想起来。她只记得自己50年前的独舞表演。母亲喜欢参加这些活动。就在那一刻，母亲惊醒了。她捧着缪丽尔的脸，让女儿贴近自己——脸对脸。她告诉缪丽尔："我过了很精彩的一生。记住这一点。"

母亲向后仰倒在枕头上，陷入昏睡。第二天早晨，她告别了人世。缪丽尔意识到，母亲把自己对人生的所有感悟浓缩在了那一句话里。她决定牢记这句话，努力更懂得感恩。

我认识的许多女性都积极培养感恩之心。玛吉经常给朋友们发电子邮件，主题就是她在当天享受和珍惜的东西。格蕾琴有一本感恩日记，记录了令她欣喜的东西。有些人会在一天结束时比赛谁的感恩清单最长。

我们每天早晨可以提醒自己，我们拥有生命的礼物，我们可以留意可爱、感人或者美好的东西。

我们可以在饭前祷告，感谢宇宙赐予我们面包和水果。

我的前任编辑简每当走进画廊的时候就会心存感激。工作对她来说是神圣的。这提醒她记住我们人类能相互给予的最好的东西。鸟鸣是我的庙宇的钟声。我试着回想自己听到鸟儿歌唱时的情景，做深呼吸并且珍惜周围的一切。

如果能珍惜最微不足道的礼物，我们就是睿智的女性。据说具有灵视的伟大的本笃会修女院院长希尔德加德·冯·宾根（Hildegard of Bingen）对别人赠送一条沙丁鱼深表感激，以至于泪流满面。

具有讽刺意味的是，悲剧往往会促使人们骤然充满感恩之心，而持续不断的好运可能会使人们忘记感恩。生活优越的人可能习惯于舒适轻松的生活。小问题就会引发大抱怨。例如，“哦，真倒霉，我飞巴黎的航班改时间了，我现在得在芝加哥滞留4小时”或者“庭院设计师要到下周才能来，咱们的会场肯定布置不好”。

然而，当我们失去至亲至爱的时候，我们的救赎就是怀着感恩之心回想那段关系中的喜悦。我们不是尽管遇到麻烦也要感恩，而是因为遇到麻烦才要感恩。例如，我的朋友简告诉我，她是多么思念远方的孙辈。然后，她停下来，叹了口气。她说：“人生真麻烦，但实在太带劲了。”

在一个路德教堂的音乐会上，我看到一位坐电动代步车的老妇人。她全身使用支架，穿着紫色衬衫、印花连衣裙和白袜子。尽管动作明显很艰难，但她在椅子上摇摆和舞动的时候面带微笑，同时还高唱《你是我的阳光》。

我最近孀居的邻居通过逛宠物店积极寻找喜悦之情和感恩之心。她会站在那里看着白鼬的幼崽嬉戏打闹，然后欣赏五颜六色的热带鱼舒缓游动的姿态。有时她会抱起一只待领养的小猫。等她离开宠物店时，总是为活在这样一个可爱的世界而感到快乐。

意识到我们自身的满足感是一项被轻视的技巧。强烈的激情和兴奋感攫取了我们的注意力，但满足感总是以不引人注意的方式轻声低语。事实上，满足感是快乐生活的基本组成部分。当我们满意的时候，可以说：“注意一下。这种感觉真不错。”

维姬·罗宾（Vicki Robin）[①]写道：“我们需要让大家慢下来，与智慧的速度保持同步。”我的弟弟杰克劝我说：“要慢下来。”他

---

① 美国作家、演说家，著有《要钱还是要生活》。——编者注

说："你走得越慢，看到的就越多。如果你放弃速度，就会更好地利用时间。"

我参加过一次静修，当时我们每吃一口东西，至少要咀嚼30下才会咽下去。那个周末，咀嚼是一项太过艰苦的工作，我离开餐桌的时候还感到很饿。然而，我发现自己喜欢那座修道院里味道寡淡的食物。我终于有时间留意并珍惜每种好味道。我以前一直很讨厌燕麦，但从那以后，我发现自己开始期待早晨的那碗燕麦片，并且想："谁会知道燕麦带有坚果香味并且滋味丰富呢？"

我通过这次静修知道，集中精力、慢慢完成会使这些事情令人愉快得多。时间扩展了，感官醒来了，一切都显得更加广阔而自由。从那以后，当我吃一块巧克力或者喝一杯优质咖啡时，会努力留意自己多么喜欢它。

我们所有人都会处于"飞行模式"，不关注周围的一切，进入放空状态。但是，如果我们学会唤醒自己品味生活的技巧，当下可能会带来巨大的喜悦。

昨天，我参加了一位老朋友的追悼会。然后，我在蔷薇盛开的花园里干活。在我的草原花圃里，红罂粟点头致意。我查看了高尔夫球大小的西红柿，摘了做松子青酱用的罗勒。太阳下山时，一只野云雀在树顶歌唱，最后一缕阳光照亮了它淡黄色的胸脯。它在高唱："我们活着。感恩吧！"

萨莉经历过比我们大多数人都要艰难的人生。她出身于一个情况复杂的家庭，饱受贫穷、失去和健康问题的折磨。她要忍受慢性疼痛，经常重病缠身。不过，她满怀感恩之心。

我认识的最快活的人是困难最多的人。我记得我的书《另一个国家》（*Another Country*）里的阿尔玛。她要照顾60岁的女儿，这个女儿出生时大脑严重受损，始终不会走路、说话和自己吃饭。但在我认识的人当中，只有阿尔玛会把放屁坐垫放在我身下，并且在我制造出“嘟嘟”声和脸红的时候哈哈大笑。

由于女儿离不开家，所以阿尔玛经常在家里举办聚会，而她的客人实在太多，简直没时间安排我的访谈。我离开她家的时候总是感觉好多了。在别人都做不到的时候，她能让我大笑。

我上门访谈时，萨莉坐着轮椅在纱门前迎接我。她给了我一个大大的拥抱，请我到厨房喝茶。她有着卷曲的黑发、雀斑和温暖的微笑。由于她的两臂无力，所以我倒好茶，把壶拿到桌边。她告诉我，我们的访谈令她兴奋。她说：“变老可真有面子。”

萨莉在一条林荫道旁有一座小小的老房子。她家是书籍、艺术和音乐的世界。她用收音机播放音乐，在厨房的桌子上摆着詹姆斯·比尔德（James Beard）①的菜谱和《科罗拉多评论》（*Colorado Review*）。我们用老瓷杯喝茶，旁边摆着银质的古董奶油盅和糖盅。萨莉烤好面包，配着爱尔兰奶油端了上来。她眨眨眼睛说：“我还吃得起爱尔兰奶油。”

她儿子肖恩目前在科罗拉多州帮助一位进步派候选人竞选参议员。肖恩是个魁梧健谈的男人，当过狱警和社区干事。我拜访萨莉家时，只要肖恩在场，他的坚定、才智、脏话和善意总令我感到相当惊讶。

萨莉靠退休金和残疾补贴生活。她告诉我，她觉得自己九死一生，最近一次濒死经历就发生在几个月前。当时，她体内的血红蛋白骤降，住进了医院的重症监护病房。我们见面时，她正在从这次健康危机中恢复过来，但她还有许多其他问题，包括使她全身发生

---

① 美国主厨，食谱作家，食谱电视节目的开拓者，詹姆斯·比尔德奖（有“美食界的奥斯卡”之称）的创建者。——编者注

严重感染的链球菌感染。那次感染不仅差点要了她的命，还使她腰以下的部位瘫痪。

长期住院后，萨莉在林肯附近一个小镇的养老院住了几个月。她孤零零的，得不到妥善照顾。她疼得厉害，连轻如蜘蛛网的大披巾盖在身上都受不了。她认定自己会死在那家养老院里，但一位护士救了她的命，安排她转到了一家照料更精心的医院。

萨莉最终得以重返林肯。她的朋友们帮忙做她自己做不了的事，当时还在上大学的肖恩搬回家照顾她。他陪她在家住了一年多。

出现健康问题之前，萨莉的生活很精彩。她喜欢出国旅行，结过三次婚，做过多种工作——经营餐馆、教书和写作。她一生中获得过文学奖项，做过社区行动主义者。最近，她编写了内布拉斯加州农场联合会的历史。如今，萨莉一步步重整自己的生活。她就自己的一些专业领域向政府官员提供咨询，包括农业、农村发展和全球气候变化。

萨莉具有积极乐观的了不起的天赋，就连她的残疾都能形成华美叙事。她说："我喜欢挑战用新方法做事，这是一种有创意的解决问题的方式。至于我的人生，我很满足。我从没富裕过，但和世界各地每天只靠两美元过日子的人相比，我是个百万富翁。"

萨莉64岁，当我问她是否觉得自己很老时，她说："是的。我照镜子的时候，看到了我的祖母。但这并没有让我苦恼，因为我很爱她。"

她告诉我，她掌握了许多求生手段。她善于共情，但也能在自己与他人之间划定界限，以求自我保护。正如她所说："我知道你与我的区别。"

她不自欺。她解释说："我以前不知道怎么处理相互矛盾的要求和需求，但我现在有能力生活在这种复杂的处境中。”

萨莉说：“我足够坚韧。事情出岔子的时候，我不会惊慌。”她把这一切归结于她的天性，也归结于她参加的针对酗酒者成年子女的12步项目。萨莉的母亲酗酒，成年后，萨莉因为讲述自己童年受到的影响而获益。

萨莉不怕死。她有好多次濒临死亡，所以知道当死神降临时，大多数人病得太重或者太痛苦，已经不会怕死了。她认为我们所有人最害怕的是她所谓的“精神肢解”，也就是丧失我们的身份特性、思维方式和自我意识。

她回想起自己9岁时做过的一个梦。一个死于中风的姨妈出现在她的梦里，告诉她大家最怕的是被遗忘，而不是死亡。不过，这个姨妈说，人是不会被忘记的，虽然她的人生像一块逐渐褪色的花布，但生活模式保留在所有受过她影响的人身上。

萨莉帮助父亲度过了去世前的阶段，确保他尽可能少受疼痛折磨。他去世前几分钟，她和同父异母的妹妹坐在他身边，聊到家里的一位老朋友。当时，父亲似乎处于昏迷状态，她们以为他听不见她们说话。她们正在努力回忆这个老朋友的名字，父亲说出了他的名字，随后安详地去世了。萨莉说，那件事情发生后，她总觉得昏迷的人听得见别人说话，因此她在他们面前会确保自己积极而温和。

萨莉给我讲了她的一次濒死经历。她讲起这件事时很尴尬，因为这听起来像是《读者文摘》里的故事。萨莉濒临死亡时，看到了光亮和已经去世的人们慢慢靠近的影子。萨莉被救过来之后，感到很懊恼，因为“接近死亡是我有生以来最有意思的经历”。

不过，萨莉不确定我们死后会发生什么。她认为我们来自大洋，然后会回归大洋。我们永远与万物有关联，物质和能量不会随死亡而消失。她笑着说：“我不确定我们会变成波浪还是微粒，但我们会以某种形式继续存在。”

萨莉对于自己的安葬方式的想法很符合她古怪的个性。按照我们这个地区某些原住民的做法，她希望在自家房顶搞一次天葬，让附近的兀鹫享用她这顿大餐。但她和儿子都觉得，邻居们可能不喜欢这样。她的第二选择是干脆埋在她家后院的大树旁，但那是违法的。所以她很可能会被火化。

我们做访谈那天，天空湛蓝，丁香花盛开，青草因为最近的一场雨而变得翠绿。萨莉当时感到很健康。她大声说：“只要到了外面，我就觉得活着很快乐。”她提到那天早晨发现一棵植物上有只小虫，她看着它快速扭动身体钻进了草丛。她笑了：“坚韧是那只虫子的天性，也是我的天性。”

萨莉简直完美得令人难以置信，我们大多数人达不到她那样的感恩程度。我很幸运能认识她。她仍然过着精彩的生活。萨莉也让我客观看待自己的问题。如果萨莉背负着这样的负担都能保持快乐，那我肯定也能感恩并快乐着。

我们真正的遗产

一行禅师

宇宙间尽是珍贵宝石
我今早想赠你一握
你活着的每一刻都是宝石一颗
光芒闪烁，包含天和地
水和云朵

你要轻轻呼吸
奇迹才会显现
突然之间，你听到鸟鸣
松涛
看到花朵绽放
蓝天
白云
至亲至爱的
微笑和美好容颜

你，一直四处乞讨维生的
世界上最富有的人
不要再做贫儿
回来继承你的遗产

我们应该享受快乐
再把它传递给所有人
珍视此刻
抛开悲伤的河流
张开双臂拥抱人生

第三部分

人生下半场的同行者

第十四章
珍贵的女性友谊：倾听、诉说和共情

“我觉得与你交谈是一种庇护。”

——埃米莉·狄金森（Emily Dickinson）

“每个朋友代表我们内心的一个世界，一个可能直到他们到来才诞生的世界。只有通过这样一次会面，一个新世界才会诞生。”

——阿娜伊斯·宁（Anais Nin）

30多年来，埃玛和她在科罗拉多大学时代的朋友们一直在一个州立公园露营，以庆祝夏至。她们在露营旅行中带着红酒、奶酪和面包，天色变暗时，她们燃起篝火，围着篝火唱歌。她们睡在星空和白杨树下的小帐篷里。

在这些旅行中，她们互相讲述这一年里的烦恼和收获。她们谈论内心的斗争、精神信仰以及最深刻的反思。此类谈话是一种联合治疗，她们互相教育、激励和治愈。

去年，索莱达告诉大家，她被诊断出患有红斑狼疮，她丈夫得了晚期肾癌。当她解释自己和丈夫的疾病可能会发展成什么样子时，其他女人默不作声地听着。索莱达沮丧极了，浑身颤抖，声音嘶哑。埃玛挪到索莱达身边，用手臂搂住她的肩膀。

索莱达停止哭泣后，埃玛建议大家举行一个治愈仪式。除了索莱达，所有人都在湖边分散开来，寻找有治愈作用的物品。几分钟后，女人们回来了，与索莱达围成一圈。她们挨个解释自己的礼物。

埃玛说："这棵耧斗菜代表将会支撑你渡过所有难关的美。"

琳内特说："这块石英石象征着你挨过接下来的艰难日子所需要的勇气。"

在女人们献出自己的礼物后，她们凝视着索莱达的双眼，把她们的手放在她的肩上，把治愈的能量传递给她。埃玛建议，鉴于索莱达面临那么多困难，她需要个新名字。她为索莱达取名卡瑞芝（意为"勇敢"）。

这个仪式帮助了所有朋友。索莱达获得了具有治愈作用的礼物和将会不断给她力量的新名字。所有女人都意识到，轮到自己陷入严重困境的时候，大家也会帮助自己。埃玛心想："只有我们这个年纪的女人才会具备给彼此设计这种仪式的智慧。我们20年前可做不到这一点。"

* * *

女性总是协同合作。至少有20万年，我们与同一个部族的女性共同抚养子女、寻找食物和水源。摇晃孩子的时候，我们一起歌唱；亲人去世的时候，我们一起恸哭；我们在篝火旁交谈；我们在黎明时醒来，听鸟儿鸣叫；随着我们变老，我们帮助彼此照料孙辈，观看我们部落年轻成员的活动。

我们仍然喜欢和朋友们在一起，但在21世纪，这需要规划和投入。我们往往住得很远，而且很难抽出时间保持联络。我们的文化没有教给我们，友谊是重中之重。随着我们变老，友谊维系了我们的正常生活。

不过，我们逐渐发现了女性朋友的宝贵之处。跟亲密的朋友在一起，那么多事情都尽在不言中。我们可以通过一个眼神或者一个微笑，传递复杂和多层面的情绪。我的朋友开玩笑说，有太多谈话可以被描述为“发言和等待再次发言的机会”，但这不适用于我们与闺密的谈话。

我上中学的时候有过亲密朋友，但我在大学找到了第一个知己。我1965年夏天来到堪萨斯大学时，认识了我的舍友贾尼丝。她个子很小，乌发黑眸，充满好奇心。她出身于堪萨斯城的一个蓝领家庭，父亲不想让她上大学。她是我认识的第一个阅读托尔斯泰、帕斯捷尔纳克和陀思妥耶夫斯基作品的姑娘。她能背诵布莱克和惠特曼的诗作。

尽管我们在公共场合都很害羞，但独处的时候无话不谈。在宿舍的第一晚，我们交流对人生的看法，彻夜未眠。经过那次8小时的谈话，我意识到自己的人生将发生改变。我知道了世界上像我这样的人并非只有我一个。

我的成年生活完全是由我的女性朋友支撑起来的，其中许多人已经与我亲密交往了数十年。我们散步、煲电话粥、每天联系。我无法想象，如果没有她们，我现在会是什么样。

我们许多人在小学找到了亲密朋友。我们有初中的闺密、高中和大学的知心朋友，还有闲暇时一起消磨时间的朋友。也有些人比较内向或者经常搬家，只有一两个亲密朋友。然而，无论人数多少，当我们年过六旬或七旬的时候，都是最看重女性朋友的时候。如果我们有孩子，他们已经长大成人；如果我们有事业，事业已经开始衰退；然而，如果我们走运，朋友就在附近，有时间看望我们，那么她们会帮助我们客观看待问题，甚至拿我们的烦恼跟我们开玩笑。她们无私地提供了我们需要的陪伴、理解和慰藉。

在家庭关系中，我们可能会照看和安慰别人，但朋友照顾着我们。这些关系的丰富和喜悦无法言表。我们可以用自己与女性密友在一起的时间来定义我们这个年龄女性的财富。

无论我们处于什么年龄，都可以选择让自己在有她们陪伴时得以成长并感觉良好。我们可以与有着可敬价值观的女性共度时光。我会区分知心朋友与陌路朋友——萍水相逢的朋友。陌路朋友可能是我们在一个妈妈群里认识的妈妈、工作中的同事或者在志愿者服务时共同值班的人。当然，陌路朋友有时也会发展成知心朋友。而另一方面，心灵相通的女性可能会骤然成为亲密朋友。我知道两个女性在一次静修中相识。这次静修后，她们走向彼此，交换了联系方式，同意约时间见面。她们从此成了很亲近的朋友。

友谊其实不是名词，而是动词。任何类型的友谊都需要注意力、精力和时间。如果得不到滋养，它就会丧失价值。我们与朋友在一起的时候，总是在“发展友谊”。也就是说，我们在倾听、分享自身的经验，大笑，互相安慰，享受当下。我们在告诉朋友，我们爱她们，珍视她们。写到这里，我想起了总是在朋友做活检或者其他任何门诊手术的那天给她们送点心的露易丝，还有在电子邮件落款处写上“谢谢你爱我”的格蕾琴。

女性擅长诉说困境。我们知道如何倾听和共情。在突发的精神健康危机中，我们能成为彼此的第一个响应者。我们不需要隐藏自己的痛苦、瑕疵以及笨拙行为。我们可以犯错，而不会感到自己面临严重危险。

女性朋友帮助我们定义自己的身份。我们相互分享喜欢的音乐、书籍、娱乐和食物。我们在事物的运作方式方面不断互教互学，鼓励彼此追寻梦想。我们不需要礼物、恭维和幽默，就能鼓舞对方振作精神坚持下去。

朋友会提醒我们，没有什么事情会糟到不能在散步或者喝咖啡的时候谈一谈。写到这里，我想起当我母亲在3小时车程以外的医院奄奄一息时，我与邻居的散步。母亲的处境给我带来了巨大的压力和悲伤，当我回到家，家人晚上睡下之后，我和邻居贝蒂会在星空下散步。我给她讲述我的苦恼，她满怀同情地倾听，也拿我的悲伤开玩笑。起初，我觉得这很不合适，但很快就开始急切盼望这个大笑的机会。这样散步之后，我晚上就能睡得着觉了。

说到朋友帮忙渡过难关的女性，卡丽就是个例子。她64岁的时候，丈夫布鲁斯爱上自己的一个学生，抛弃了她。在烦恼不断的婚姻生活中，卡丽一直怀疑布鲁斯有外遇，但这些外遇从未发展成认真的关系。他们养育了三个争气的孩子，享受与七个孙辈相处的乐趣，有一批共同的朋友，有活跃的性生活。

卡丽是个有着黑色长发的漂亮女人，穿着时髦，身材也保持得很好。但在一个下雪的早晨展开了一次简短谈话之后，她茫然了。她的信心和所向披靡的感觉不复存在。她飞快地长胖了20磅，整瓶地喝红酒。她哭个没完，眼圈永远是红的。

幸运的是，卡丽的许多女性朋友与她站在一起，防止她沉溺于哀伤之中不能自拔。一个朋友每天晚上陪她吃饭，她们每个星期六上午还聚在一起喝咖啡。卡丽告诉朋友们："我要给自己半年时间来感受愤怒、孤独和恐惧。然后，我将迈入人生的新阶段。"

在那半年里，卡丽饱受“我做错了什么”“为什么我没有发现苗头”“我怎么会嫁给这样一个卑鄙小人”“我还能再信任男人吗”之类问题的折磨。

卡丽恼怒、痛哭、沉溺于复仇的幻想。她为自己的容貌、银行账户和理智感到担心。但是，她每天与朋友交谈，正如她预言的那样，半年后，她准备好前进了。

一天晚上，晚饭时间前后，卡丽和结交20年的朋友爱丽丝决定在自家后院开辟一个菜园。这是一项有趣的计划，促使两个女人在夏天的大部分时间里并肩劳作。大多数夜晚，在晚饭前后，卡丽坐在邻居的前门廊上。她把饮品从红酒换成了茶。她开始骑自行车，减掉了“创伤体重”。

卡丽发现，阳光、温暖和绿色对她有治愈作用。在户外骑自行车、坐在门廊上或者在菜园里干活的时候，她感觉最好。但是，随后冷天来了。西红柿秧枯萎，自行车道结冰，她的邻居们也不出门了。

卡丽在她有三间卧室的房子里转来转去。她琢磨着有什么能帮助她度过宾夕法尼亚州的冬天，然后意识到那就是她的闺密们。她把自己的房子提供给读书俱乐部和太极小组使用。她把一间书房改成冥想室，把图书室交给想独自看书或写作的女性。就这样，卡丽的房子变成了女性静修中心。

卡丽享受自己这种随心所欲定义生活的能力。她以前从未有过这样的自由。她成了素食主义者，想吃什么就做什么。晚上，她去看电影、听音乐会和吃晚餐。她为自己能负担得起这样的生活而感恩。她筹划一个月一次的睡衣派对，和朋友们熬夜看根据简·奥斯汀的小说改编的电影。

然而，她怀念早晨有人陪她喝咖啡和深夜与人在炉边谈话的日子。在认真考虑并多次讨论之后，她邀请同样离异的爱丽丝搬来跟她同住。卡丽说："我们解决了由谁来除草之类的冲突，所以我想我们也可以搞定任何其他新出现的纠纷。"她温柔地补充说："我信任她。"

一年后，卡丽觉得自己比没离婚的时候还要快乐。她为自己恢复活力的坚韧劲儿和规划新生活的创意感到骄傲。

当然，卡丽和爱丽丝有时也有分歧，但女性友谊的美妙之处是，我们并非必须完美才能相互陪伴。事实上，长期友谊要想获得成功，需要我们接受他人本来的样子。如果我们的期望太高，所有人都会令我们失望。

如果我们不能设法共同体验变化和成长，那么长期友谊可能会逐渐受习惯支配并且陈旧过时。我们可以邀请新人进入我们的圈子。这样一来，群体动态就会改变，谈话会更激动人心。另一个让友谊焕发生机的好办法是共同做一件我们以前从未做过的事，比如逛古董店或者开车旅行。或者我们也可以提出新话题，比如："如果由你来书写历史，你会讲述有关世界的哪些故事？""你希望自己有什么与生俱来的才能？"

我和朋友玛吉每个月碰面吃一次午餐，然后去看一个艺术展。我们一起欣赏艺术，然后交流感受。在这些行程中，产生了数量惊人的新话题和新观点。我们相识已有30年，总有新东西可讨论是很有意思的。

女性往往是两性邻居之间的纽带。我有很多最要好的男性朋友是通过我的女性朋友结识的。贝蒂是我这个小区的超级纽带。她经常组织聚会，确保我们的小区关系紧密，生气勃勃。

贝蒂和她丈夫凯尔在他们有百年历史的石头房子里搞了最后一次新年聚会。他们打算3月搬到市中心的一处共管公寓去。毫无疑问，他们在那里也会搞聚会，但聚会将会不同。

我们1980年搬到这个小区时，贝蒂来串门，邀请我去她家。当时，我们的母亲都还在世，我们的头发都是褐色的，我们都喜欢熬到午夜过后才睡觉。当时，我儿子9岁，女儿3岁，贝蒂也有年幼的孩子。多年来，我们看着他们全部长大，结婚成家。

我们认识的时候，贝蒂是选举专员。她后来领导我们社区的行动项目，如今管理着一家非营利机构。我当时是私人行医的心理治疗师，没写过书，也没做过演讲。

我和贝蒂一起抽烟，又一起戒烟。我们从事人权活动，给我们的花园采购植物。我参与了她家的厨房改建，她参与了我的第一次巡回售书活动。我们在多次家庭危机中互相安慰。我参加了贝蒂的70岁生日聚会。当时，为了开玩笑，所有宾客出席的时候都带了她喜欢的开胃菜——朝鲜蓟蘸酱。

我在那个新年前夕走到贝蒂家时，外面又黑又冷，松树在北风的捶打下像老人一样弯着腰。但是，房子像游轮一样灯火通明，我透过窗户能看到一盆盆绚烂的鲜花。

贝蒂穿着闪闪发光的红外套在门口迎接我。她是我认识的最不喜欢操持家务的人，而她之所以认为我是天赋异禀的超人，是因为我能打开奶酪包装，会做墨西哥鳄梨酱。我帮她摆盘，她负责把盘子端到餐厅的桌上去。

凯尔走进厨房，查看烤鸡怎么样了。我们交流了当天的新闻。那天上午，他做了一次甲状腺癌的活检，我给医生打电话咨询了血压的问题。然后，我们开始追忆往事。贝蒂想起1973年，马龙·白兰度（Marlon Brando）在翁迪德尼参加美国印第安人运动和拉科塔部落的抗议活动后，前来参加了这座房子里的聚会。他给自己做了个博洛尼亚三明治，为派恩里奇保留地的活动出谋划策。

我们聊天的时候，老邻居鲍勃带着给聚会准备的芝士蛋糕来了。他是个喜欢社交的心理学家，现在差不多聋了。我问鲍勃过得怎么样，他满面笑容地答道：“挺好。”然后，他停了一下，懊恼地说：“呃，其实不好，但事情总是这样的。”

到了晚上8点，前门铃和后门铃都在响。朋友们带着食物和红酒从寒冷的黑夜中冲进房子里。我们大多数人在精力充沛的三四十岁时相识。那时我们聪明、有活力、处在上升阶段。而如今，我们的活力在减退，不再上升。我们的谈话主题是健康、度假、退休和孙辈。

有些邻居失去了很多。苏在一年前失去了丈夫。其他宾客或是罹患癌症，或是出现残疾，或是在与帕金森病造成的失忆作斗争。毫无疑问，有些人对他们的人生或者整个世界感到不满，但他们在聚会时没有说这些。

相反，我们大笑，喝红酒。我们分享对往昔的记忆，拿我们的许多小过失开玩笑。我们互相拥抱，还唱起了《友谊地久天长》。

聚会结束，步行回家时，透过结霜的窗户，我能看到贝蒂的兰花、玫瑰和一品红，还有我所有白发苍苍、身穿亮色毛衣的朋友们。

空气中有雪的味道，我知道夜里会有暴风雪袭来，这是内布拉斯加州冬天的开始，但眼下，我感到幸运。

让我感到快乐的也是让大多数人感到快乐的东西——共同的记忆库，以及看到我的面孔时双眼会发亮的人们。这些人可以是朋友，也可以是家庭成员。关键是在我们需要时能够出现的亲密关系构成的防风林带。

第十五章
珍惜那个陪你到最后的人

“长期婚姻必须超越两性吸引，达到和睦，达到友谊，达到伴侣关系。这当然不是说激情不复存在，而是说与其他爱的方式结合在了一起。”

——马德琳·恩格尔（Madeleine L'Engle）

“嫁给考古学家真美妙——你越老，他对你越有兴趣。”

——阿加莎·克里斯蒂（Agatha Christie）

一天晚上，埃玛正在切菜，克里斯下班回来了，显得既疲倦又紧张。她问他这一天过得怎么样，他只是叹气。

克里斯开始翻看柜台上的信件，其中一张信用卡的账单显示埃玛带爱丽丝和双胞胎出去吃饭花了100多美元。他抱怨说：“我可不是自动提款机。”

尽管埃玛很想反驳他两句，但毕竟已经结婚多年。她知道问题不在于钱，而在于他的这一天。她放下菜刀，走到他身边，捏了捏他的手说：“哦，亲爱的，很遗憾你今天过得不顺心。”

克里斯的态度也软化了，拍了拍她的后背。他勉强对她微微一笑，然后说：“晚饭看着挺好吃的。”

当晚晚些时候，克里斯在椅子上打盹儿时，埃玛注视着他。她认识他的时候才19岁，那时他是个肌肉发达的黑发大学生。他能抱着她走来走去，好像她没有分量似的。他想成为工程师，但她怀孕后，他辍学了，在一家小型园艺企业工作。他资助她读完了大学，并且在儿子1岁以前养家。然后，埃玛在当上老师的第一年再次怀孕。

她还能在克里斯身上看到孩子年幼时那个兴高采烈的爸爸，以及孩子们在青春期陷入各种麻烦时那个饱受折磨、经常发火的爸爸。她还记得他在他们的儿子从科罗拉多矿业学院毕业时的样子——他那么自豪，同时又为自己从来没有那种体验而伤感。而现在在她眼前的，是一个头发花白、眼角有皱纹的男人，膝盖和后背都有毛病，但他很少抱怨。

他们年轻时，简直是因为什么事情都会争吵。她想起那时的咒骂和大嗓门就脸红。可现在，他们学聪明了。他们都很善于息事宁人。他们知道要在展开艰难对话前冷静下来，交谈时不要打断对方或者相互指责。即使在争吵中，他们也会设法互相支持和认可。

埃玛围绕正念与治疗师展开的练习有助于她保持冷静，多年前的婚姻治疗有助于他们展开沟通。而且，数十年来，他们也自行摸索了许多经验，例如，他们学会了定期简单地问对方：“你还好吗？”然后，他们会等待回答，只要配偶想说话，他们就愿意倾听。

埃玛看着房间对面这个腿上卧着一只猫、打着瞌睡、发出轻微鼾声的老头子，心头涌起一股柔情。他是她的老伴儿。

* * *

成功的长期婚姻需要女性巧妙应对与我们熟悉但不断变化的伴侣的新关系。随着预期寿命延长，我们许多人的婚姻能持续四五十年。研究告诉我们，能维系婚姻的人不是有着最完美关系的人，而是认定自己要投入其中并且坚守这个决定的人。有了这种投入和一些技巧，大多数婚姻就能达到美满状态。

当伴侣间的互动大多积极时，婚姻是最成功的。关系专家约翰·戈特曼（John Gottmon）和朱莉·施瓦茨·戈特曼（Julie Schwartz Gottman）记录了这一点的重要性。他们发现，当夫妻能够设法迅速摆脱消极互动时，他们的状态最理想。陷入消极就会形成一种越发消极的氛围。另一方面，随和并且会说话能带来更积极的氛围。

不管是树还是人，靠得太近都无法好好生长。夫妻想要关系美满，就要给彼此留出成长的情感和社会空间。并非所有决定都需要共同决定。一般准则是，当涉及安排拜访、买礼物或者权衡重要人生决定时，每个伴侣负责自己的亲人。同样，我们都对自己的身体负责，自由选择自己的朋友。

既是夫妻又是朋友的婚姻比较快乐，也比较稳定。如果没有家人和外部的友谊，婚姻就要被迫背负伴侣二人感情生活的全部负担。在这种情况下，船可能会沉没。依恋另一个人的含义之一是知道何时不要依恋。分开的时间使得伴侣不仅可以追求并非两人共有的兴趣爱好，而且可以有各自的亲密朋友。

丽塔·拉德纳（Rita Rudner）[①]写道："我喜欢婚姻生活。能找

---

① 美国戏剧演员。——编者注

到一个你想在余生中惹恼的特别的人，这真是太好了。”除非伴侣们隐藏自己的不同意见并且只以表面化的方式打交道，否则所有婚姻都会有冲突。只要知道如何通过交谈消除冲突，就能使许多婚姻保持活力和生机。如果夫妻缺少化解冲突的手段，就会因为日常怨气越积越深而离婚。

如果夫妻能够开诚布公地交流想法和感受，并且在不提建议的情况下倾听和共情，那么婚姻就能持久。在我担任心理治疗师的岁月里，曾经思考过，如果伴侣双方都能学会说“我听到你刚才说的话了”，那会挽救多少婚姻啊。

如果伴侣知道如何索取他们想要和需要的东西，婚姻就更有可能成功。每当我听到有人说“我想让他知道我的感受，但又不想直接告诉他”，我就推测那段婚姻出了问题。我们都需要别人告诉我们，他们想要和需要什么。我们猜不透别人的心思。

然而，良好沟通未必意味着不假思索地说出我们脑子里的所有想法。快乐婚姻的诀窍之一是，不要说出我们所有的想法。刻薄或者无缘无故地批评别人是绝对没有道理的。同样，动辄因为伴侣的话而生气也毫无帮助。正如最高法院法官鲁斯·巴德·金斯伯格（Ruth Bader Ginsburg）所说：“在所有美满婚姻中，有时有点耳聋是有好处的。”

长期稳定的伴侣关系最大的好处之一是，大家能够互相平衡。互补的个性特征也能促进稳定。在许多夫妻当中，一方是诉说者，另一方是倾听者。或者，一方感情外露，另一方低调内敛。只要大家别过分受困于这些角色，这种模式就会奏效。好的谈话者也需要倾听他人的倾诉。低调的人偶尔也需要表达一些发自内心的感受。

人会变。他们成长，他们学习，他们形成新的兴趣爱好和观点，他们经常调整对关系的期望。到了70岁，我们的伴侣不再是我们在大学里结识的无忧青年，也不是抽不出时间处理纳税事宜或与我们约会的陷入困境的中年人。我们也不再是同样的伴侣，许多人觉得自己经历了与同一个配偶的多段婚姻。

如果一个人焕发生机，另一个人却原地踏步，婚姻可能会很艰难。在这些婚姻中，大家可能会渐行渐远而不是共同成长。在最美满的婚姻中，伴侣们多年来不断成长并且共同成就彼此。然而，有时候创伤会导致成长进程停滞一段时间。

* * *

西尔维娅和刘易斯在他们位于奥斯汀的教堂相识，年纪轻轻就结了婚，共同成长。他们过了20年幸福的婚姻生活。但女儿莉诺成为瘾君子后，刘易斯和西尔维娅开始发生矛盾，简直无法相处。他们在彼此脸上看到了自身痛苦的清晰投影。所有这些悲伤的重负险些压垮他们的婚姻。西尔维娅考虑离婚，刘易斯保持沉默。

孙辈搬来跟他们同住的时候，西尔维娅决定不离开了。孩子们需要有人照顾，只有她和刘易斯能胜任。她不会让他们被领养。抚养孙辈让西尔维娅和刘易斯的关系得到缓和。他们有着牢固的基督教价值观——他们都爱孩子们，想把孩子们抚养好。

西尔维娅努力避免产生不满情绪。每当她对刘易斯生气时，就会看一张他的照片：他那时是个有酒窝的3岁小孩，微笑着注视镜头。这让她想起他内心的善良。

刘易斯辅导孩子们的功课，到场观看他们的游泳比赛，在晚饭前陪马克斯玩一会儿棒球。这能让刘易斯振作精神，也有助于马克斯安下心来。有时候，刘易斯和孩子们看球赛或者自然节目时，格蕾西会爬到他腿上，进入梦乡。

一天晚上，马克斯和格蕾西入睡后，西尔维娅走进书房，坐在刘易斯身边。她要他关掉电视，拉着她的手。她说："刘易斯，我们有那么多要感恩的事。你很健康，我的身体状况也有好转。我们的钱不多，但有医疗保险，房子也没有贷款。我们能买得起孩子们的游泳衣和网球鞋。"

刘易斯认真听着，哭了起来。他说："我太为你担心了。"

西尔维娅递给他一张纸巾。她也哭了。她说："我们尽了最大努力抚养莉诺，她出问题的时候，我们也尽力帮她了。她没死，也许有一天会回来找我们。"

西尔维娅笨拙地坐到他腿上，拥抱了他。他们相拥哭泣。哭过之后，他们互相亲吻和爱抚。当西尔维娅的膝盖杵到刘易斯的肚子时，他笑了，说："我们像两头想坐在同一根木头上的老象。"他们俩哈哈大笑。

结婚45周年那天，西尔维娅在日记中写道："我们为什么这样做？我们完全变了。做每个决定都是一场斗争。我们经常让彼此难受。不过，这也不完全是坏事。我们有乐趣，有美满的性生活。尽管我们让彼此沮丧，但我们仍然相爱。

"我们还在一起，这对我们相互的感情是个促进。尽管我们有那么多问题，但还在相守，不是出于习惯，而是因为我们想要在一起。分开的时候，我们互相思念。

"我们坚持下来了，不光是为了孙辈。我们在一起的原因之一是我担心如果我离开刘易斯，会要他的命。如果他离开我，我也会很不好过。我们是缠绕在一起生长的两棵树。

"我们这辈子差不多一直共同生活，共同度过了最糟糕的时刻。

只有刘易斯知道我的人生究竟是什么样，而我也了解他的人生。当我们老了，除了与我们有着共同历史、喜悦和悲伤的人之外，还剩下什么？谁会陪我们到最后？”

* * *

21世纪的婚姻与父辈或者祖父辈不同。由于世界变了，性别角色和对亲密程度的预期也变了。离婚不再像从前那样羞耻。而且，在女性可以独立谋生的时代，我们寻找伴侣不是出于必需，而是出于自愿。

在过去的几十年里，心理学家对于关系的看法发生了变化。20世纪80年代，心理治疗师鼓励夫妻考虑摆脱不美满的关系。他们还鼓励伴侣“畅所欲言”，倾吐他们的愤怒和受伤的情绪，无论那有多么微不足道。如今，我们的领域不再推崇这种哲学。今天，心理治疗师会讲授合理预期的重要性，要忽视小细节，专注于积极的一面。

历史学家斯蒂芬妮·孔茨（Stephanie Coontz）认为，“至死不渝”在今天是个更大的挑战。对处于抚养子女高峰期的人们而言，离婚率在下降，但50岁以上人口的离婚率增加了一倍，65岁以上人口的离婚率增加了两倍。在孩子们离家之后，许多人接下来还有30年的健康生活，有些人便意识到，他们不想跟现有伴侣度过这些时光。

大部分离婚是由女性提出的，而她们最经常的抱怨是，她们的伴侣缺乏投入或关注。还有一点是，她们的伴侣试图过多控制她们的生活。

孔茨得出结论——结婚带来的固有好处减少了，不幸婚姻对健康是个威胁。然而，美满婚姻的好处也在增加。如果婚姻和睦，会改善女性的健康并增加她们的财富。

芭芭拉和朱迪建立美满关系已有30年。她们1986年在一次聚会上相识，1988年举行了所有朋友都出席的婚礼。

早在20世纪80年代，朱迪的家人就迅速接受了她与芭芭拉的关系，但当芭芭拉告诉父母这个消息时，母亲晕了过去。苏醒之后，她告诉芭芭拉，这个消息会要她的命。这种情况当然没有发生，但她的父母从不承认朱迪，也不许她登门。事实上，芭芭拉唯一一次跟他们谈到朱迪，是在她母亲临终的时候。芭芭拉说："我坐在她身边，告诉她，朱迪是个多么好的人。"

芭芭拉与自己家人的经历促使她帮助其他与家庭和社区偏见作斗争的女性。最后，她和朱迪组建了一个共同推进公益的女性群体。

如今，15岁时得过小儿麻痹症的朱迪坐上了轮椅。她没法走下家里的楼梯，也做不了太多家务。朱迪和芭芭拉不再经常外出旅行。但是，她们都是观鸟爱好者，仍然会到附近的州立公园去看春天和秋天的候鸟。她们喜欢朱迪住在同一座城市的女儿。她们为一些已经成为她们家庭一分子的女性举办晚餐会。

她们共同经历了很多，包括朱迪离婚、芭芭拉的家人排斥朱迪、健康问题和歧视。但是，困难强化了她们对彼此的承诺。相互尊重、共同爱好以及对婚姻的承诺使得她们的爱情常驻。

* * *

我和丈夫也是结婚多年的夫妻。为了庆祝结婚40周年，我们到太平洋西北地区旅行。和许多朋友的旅行方式不同，我们避开了大城市和旅游区，尽可能地寻找最荒凉最偏远的地方。在那里，我们整天一言不发地远足，只欣赏美景。

在这次旅途中，我们特意睡在水边，探访我们经过的所有原始森林或者雨林。我们在奥林匹克国家公园的小屋里过夜，然后跨境前往温哥华岛。

在那里的头两个晚上，我们在奥林匹克国家公园卡拉洛克营地的一座小屋里尽情享受。我们处于一座高高的山崖之上，俯瞰一片散落着漂流木和贝壳、被迷雾笼罩的海滩。我们刚刚抵达，我就一个人走到了海滩上。那个地方空无一人，只有我和海鸥。但当我沿着潮水的痕迹往前走时，注意到有人用大写字母在沙滩上写了“现在”这个词。在接下来的11天里，我恰恰就想生活在“现在”。不是沉溺于往昔或者担心未来，而是调动各种感官，品味当下的一刻。

那一周，我们探索潮汐池，发现了海星、海葵和寄居蟹。夜晚，我们看着太阳从太平洋上落下，然后在小屋的壁炉里生火，倾听海的声音，浪涛听起来就像马上要涌进前门。

早晨，我们做好三明治，灌满水瓶，然后前往原始森林或者雨林。我们在斑驳的阳光中行走数里，周围是一片寂静和无数种绿色。那些森林里的氧气让我们感到醉意醺然。随着时间的推移，我们学会了识别铁杉、古老的云杉、道格拉斯冷杉和红雪松——原住民认为这是一种神树。

夜晚，我们在小咖啡馆吃饭，有时在室外，有时在水边。一天晚上，在托菲诺的一家名叫“雾中狼”的咖啡馆，我对吉姆说：“我们再也不会到这里来了。”

当时，我说的就是最寻常的意思。我们不太可能再在一个9月星期六的美好夜晚来到托菲诺的这家咖啡馆。但后来，我意识到自己的这句话有更深层的含义。

我们已经年过六旬，当时很健康，对彼此和我们的生活也很满意。我们所有亲密的朋友和家人似乎也都健康。我们的孩子婚姻稳固，事业有成。我们的孙辈注重亲情，大多数时候行为很正派。托菲诺的那个夜晚是美好的，9月的这个时刻对我们来说也是一样。

然而，我们在和大多数亲密朋友、兄弟姐妹以及表亲一起变老。当我们与他们聚在一起时，经常讨论体检，讨论血压、胆固醇。我们深爱的某个人可能随时会陷入健康危机。

那晚在托菲诺，老龄的负担在我们肩头没有多少分量。我们感受到了人生的莫大好处——为我们爱的人付出的时间、看书的时间、从事我们最喜欢的工作的时间。孩子和能够慢下来的人会得到这种财富。我和吉姆感受到了那种富有。

多年来，我和吉姆有过争吵。我们的婚姻并不轻松。我不能说，我们是天造地设的一对。然而，那一晚，我们体验了时光中的神圣时刻。这是个休息的好地方。因为我们都知道寒冷和黑暗即将降临，所以这里显得越发美妙。

写到这里，我想到了生活在我们附近的狐狸。它们一起捕食，分享食物。每年春天，它们共同养育幼崽。而最重要的是，冬天的夜晚，当暴风雪袭来时，它们在窝里抱团取暖。长期伴侣就像窝里的狐狸一样，保障着彼此的温暖和安全。

一辈子都有人在我们困惑时倾听我们诉说，在我们情绪低落时保护我们，在我们面临紧急情况时陪伴我们——言语无法描述这是什么感觉。这种可贵的安全感就像月光一样神圣而妙不可言。莎伦·扎尔茨贝格（Sharon Salzberg）[①]写道：“真正的爱是一种能力，是我们与另一个人深深关联的内在能力。”

---

① 《纽约时报》畅销书作家、佛教冥想老师。——编者注

第十六章
家 庭 是 条 救 生 船

“可以叫它部族，可以叫它网络，可以叫它部落，可以叫它家庭。无论你叫它什么，无论你是谁，你都需要它。”

——简·霍华德（Jane Howard）

“家庭生活！与任何家庭中的激战和分裂以及理解和原谅的需求相比，联合国就是孩子的游戏。”

——梅·萨藤

在人生中的最后一个夏天即将结束时，伊夫琳让克斯特蕾尔邀请她在加利福尼亚州的弟弟们来做客。伊夫琳说，她想最后一次看到所有孩子聚在一起。克斯特蕾尔已经多年没见过自己的弟弟们了，也不是很想见他们，但她还是马上打了电话。他们迅速敲定日期的时候，克斯特蕾尔惊讶地发现，自己心怀感激并且如释重负。

当晚，当克斯特蕾尔给贝卡打电话，告诉她家庭聚会的事情时，贝卡主动提出开车从西雅图过来帮忙。克斯特蕾尔险些不假思索地拒绝了。一想到贝卡要跟她的家人一起待几天，她就有窒息和暴露的感觉，但是贝卡没有给她表示反对的时间，迅速开始讨论可以带些什么——鲜花、新鲜三文鱼，还有面包。克斯特蕾尔为这样的温柔而哽咽。她说："我妈妈喜欢西雅图的面包。"

全家抵达的前一天，伊夫琳去美容院理发并做了发型。克斯特蕾尔帮她挑了最漂亮舒适的衣服。贝卡来了，帮克斯特蕾尔准备了聚会需要的所有东西。克斯特蕾尔惊讶地发现，拥抱贝卡有力的身体并且生平第一次依赖别人的感觉太好了。

8月，克斯特蕾尔的弟弟和他们的家人从两辆大型面包车里冲了出来，冲进伊夫琳的怀抱。克斯特蕾尔拥抱了所有人，贝卡也是，她表现得像个家庭成员。克斯特蕾尔有5年没见过自己的侄子和侄女了，蒂姆的大女儿生了一对双胞胎，达伦的小儿子即将上高中了。

所有人都又累又饿，克斯特蕾尔宣布晚餐已经准备就绪。他们吃了三文鱼和意大利千层面。贝卡插话说，她按照伊夫琳的指点做了巧克力派，这是一家人60年来最喜欢的甜食。

家人来拜访期间，伊夫琳的唯一任务就是与所有人欢聚。她抱着双胞胎坐在她的大躺椅上，或者拉着儿子们的手聊天。她跟年龄比较大的孙辈玩多米诺骨牌。贝卡清洗了大量碗盘，克斯特蕾尔则跟弟妹、侄子和侄女们聊天。

家庭成员们偶尔会离开房间，去外面平复情绪或者哭泣，但当他们在一起的时候，总是开玩笑和哈哈大笑。一天晚上，在吃过烘肉卷的晚餐后，贝卡说服全家人玩字谜游戏，但克斯特蕾尔很犹豫。她觉得自己家不是"那种家庭"，贝卡坚持要玩的时候，她气坏了，但她没说什么。令她惊讶的是，她的弟弟们同意了。很快，她也加入了游戏，开始扮小丑。当伊夫琳因为其中某些带有性意味的幽默而大笑时，她吃了一惊。大家都笑了。克斯特蕾尔在游戏结束时意识到，与她早年的印象相比，她的家人变化很大，变得有趣多了。直到这次拜访之前，她都没有意识到自己多么需要一个家庭，以及美满家庭会让她多有安全感。

全家聚会3个星期后，伊夫琳在注射镇痛的吗啡之后陷入昏睡。克斯特蕾尔躺在她身边，握着她的手。伊夫琳在几小时后去世。

克斯特蕾尔在殡仪馆的小礼拜堂为母亲举行了简单的仪式。贝卡陪在她身边。其他家庭成员没有赶回来参加。伊夫琳在世并且能与他们欢聚的时候，他们陪伴了她。他们送给克斯特蕾尔一本相册，里面记录了他们共度的快乐时光。

* * *

克斯特蕾尔很晚才意识到家庭的宝贵，我们许多人也一样。随着我们变老，往往会更看重家庭，并且对家族史更好奇。我们觉察到自己是一根长长的链条上的一环，了解这根链条有助于我们了解自己。

家庭给了我们身份特性。我们属于一些人，而他们也属于我们。我们不需要做出什么成就就可以成为这个群体的一员。一个“足够好”的家庭给了我们一条防风带，一圈帮助我们阻挡寒冷和狂风的高大树木。随着时间推移，其中有些树木会死去，森林带在一段时间内会稀疏。然后，我们成为老树，新树破土而出并茁壮成长，保护着我们可能永远不会见到的孩子。

让我们把家人定义为伴随我们成长、与我们有亲缘关系或者收养关系的人。家庭可以带给我们最深切的快乐和最强烈的痛苦，失去家庭的伤害最大，与家人的争吵和冲突给了我们最沉重的压力。担心家庭成员的安危可能会使我们大多数人在夜晚难以入眠。不过，当大家都很快乐、相处愉快时，家庭给了我们最美妙的体验。

我们付不起房租时，家人会帮我们支付。手术后，家人会收留我们。他们会在书房里摆放我们的艺术作品或者保龄球奖杯。当我们缝好一床被子或者在馅饼烘焙大赛中获胜时，他们为我们骄傲。如果我们在医院病床上或者情绪低落时给他们打电话，他们会随时接听。

我们不需要喜欢所有家人。谁能做得到呢？尤其是当我们年纪大了以后，可以选择自己想要视为家人的人。我们可能与兄弟姐妹中的一个而不是其他几个关系亲密。我们可能与一方的家人举行家庭聚会，但基本不与另一方的家人碰面。重要的是，我们有同根同源并且可以依靠的人。无论我们的家庭是什么样，或者家人多么不好相处，我们几乎总能找到至少一个可以爱的人。

即使没有兄弟姐妹或者近亲，我们也可以随着时间的推移找到家人。我们可以“领养”自己的兄弟姐妹、子侄辈，或者我们在工作中、小区里、教堂及友谊团体中认识的人。我知道有个得了喉癌的女人没有家人，但她的读书俱乐部成员齐聚在她的床边。她们轮流开车带她去看医生和接受治疗，最后在临终关怀医院陪伴她。她去世时，她的读书俱乐部成员清理她的遗体并安葬了她。

我们许多人有成年子女，尽管我们与他们的关系错综复杂，但他们还是会给我们丰厚回报。尤其是随着我们变老，这些关系开始让人感到甜蜜。我们的儿子终于可以毫不掩饰地爱我们，他们在高中或者20多岁的时候不会这样做。我们的女儿非常了解我们，能提前知道我们需要什么。我们高兴地看着子女长大成人，有了自己的生活和独特的个性。

我们并非要在政治上与我们的亲密家人协调一致才能相处融洽。有些我最喜欢的家人在政治上与我观点相左。我们心照不宣地避免试图改变彼此的政治立场、谈论政治或者在相聚时以任何其他方式冒犯彼此。我们感受到了比意识形态或者共同兴趣爱好更深层次的共鸣。我们体会到了仅仅因为相聚就能产生的愉快和惬意。我的祖母格莱茜说："我们都属于炸鸡和饼干党。"

我的表亲和我聚会时，我们大部分时间都在聊我们的祖父母和父母。我们津津有味地长时间谈论我们童年在一起时发生的事情。我们翻看旧照片，分享家庭菜谱。我的表哥史蒂夫给我们烹制小时候祖母给大家做过的丰盛早餐。

我情绪低落时，会做我母亲拿手的蔬菜牛肉汤。从小到大，每个冬天她都做这种汤。母亲准备做汤的时候，手边有什么配料就用什么配料。这种汤一喝就知道是"我母亲的汤"，别人都做不出她的味道。如今，在冬天，我用手边能找到的任何配料做蔬菜牛肉汤。我经常会加鲜蘑菇和甘蓝，这些都是我母亲在20世纪50年代搞不到的菜。我的汤味道跟她的很像，所以，当我做这个汤的时候，就好像和母亲在一起。

回忆爱我们的人可以起到安抚作用。我们可以感激帮助过自己的人，可以试着理解伤害过自己的人，还可以在为时已晚之前着手修复受损的关系。在这个人生阶段，我们逐渐接受了所有人生经历，并且希望这些经历尽可能地丰富和深刻。

我们最可怕的家庭经历解释了很多东西。例如，一个朋友始终不明白她的父母为什么痛恨饮酒，后来发现一份关于她外祖父的泛黄剪报，酩酊大醉的他在酒吧斗殴，杀死了一个人。他因为这项罪行在法院外的广场上被处以绞刑。母亲之前总告诉她，外祖父死于西班牙流感。

我们好奇的时候，会找到多种方法探寻往昔。我们可以研究家谱，与记得我们已经遗忘的往事的人交谈，或者为自己打造把我们与往昔联系在一起的经历。

大多数家庭有一两个“家族历史学家”。在我们家，是我、我的儿媳杰米和外孙女凯特。我们收藏信件和老照片，讲述家族故事。

成为家族历史学家并不难——只要自我任命并着手工作就可以了。

有人出生，有人离世。如果我们运气好，家里的某个人或许已用《圣经》或其他书记录了很久以来家族成员的降生与死亡。我在母亲去世的那年给我的家人准备了一本。我把所有东西记在我的《韦氏第3版新国际英语足本词典》里。

信件是历史的绝妙记录。只要我们深挖，许多家庭都在某个地方藏着些信件。我母亲保存了我17岁以后写给她的所有信件。她把它们装在一个桶里，她去世时，我把它们倒进了一个巨大的行李箱。我翻阅这些信件，找回了自己数十年来的成长经历。我父亲的姐妹们收藏了与他在“二战”期间的往来信件，我留着父亲在战时写给母亲的几封信。这些信件让我了解了父亲早在我认识他之前的个性，这也是窥见一个意义极其重大的历史时期的窗口。

翻看旧照片还能唤回往昔。我们许多人有贴满了黑白照片的相册，照片上是我们表情严肃的先祖。当我们端详这些照片时，脑海中会浮现很多问题。我们也许会解开谜团并发现秘密。例如，我和表亲们端详老照片的时候，发现父亲在娶母亲之前结过婚。直到我问起一张他与一个漂亮黑发女人的合影时，别人才告诉我这件事。

我父母都早于他们的兄弟姐妹离世。我50岁出头的时候，得以与我所有的叔伯姑姑以及舅舅姨妈做了访谈。我向他们询问我的父母年轻时是什么样。他们的婚姻如何？我是小婴儿和小姑娘的时候是什么样？他们是否记得与我的家人共度的特定时刻？

随着我们变老，许多人觉得有必要保持家族圈子的稳固和活力。我每年都会组织在欧扎克的表亲们一起聚会。所有人都比我年龄大。他们都曾帮我换过尿片，都能讲述我是小姑娘时的很多事情。他们帮助我填补了关于他们家庭、我们家族的历史以及60年前的我家的记忆。

我们可以探访把我们与家族历史联系在一起的地点。我曾回到我成长过程中居住的小城镇，重新与昔日的家族朋友取得了联系。我给母亲的朋友们写信，请他们讲述对她的记忆。而且，因为我生活在自己从小到大居住的州，所以还能遇到记得我父母的人。许多人告诉我，他们年轻时我母亲是他们的医生，我便问他们她是个什么样的医生。大家记得我父亲喜欢讲哲理，爱开玩笑，有自己的看法。他们记得他的宽容，也记得他的愤怒。

最后，我们可以积累加深家族历史意识的经验。我曾走在我父母穿军装结婚的缪尔树林国家保护区。我曾在我父亲服役过的珍珠港、东京和冲绳做演讲。我探访过墓地、家宅、老房子以及亲戚们工作过的小店铺，这些地方如今大多已经废弃。当我找到与家族有关的新地方时，我会加以探究。我们死去之前，如果运气好的话，或许可以探访我们祖先的家园。

加尼特和唐纳德在成长过程中都认识彼此的祖父母，而且与当地的亲戚有着亲密关系。他们还付出了多年努力，以使他们的婚姻给彼此坚定的支持。如今，加尼特觉得他们要收获悉心种植数十年的果实了。

我在一个美丽的夏日上午拜访了这对夫妻，他们当时刚刚退休——加尼特离开了教学岗位，唐纳德则不再做外科耗材销售。加尼特微笑着说："我醒来的时候，躺在床上，听一会儿收音机。然后，我喝第一杯咖啡的时候会问自己'今天可以做点什么开心事呢'。"

他们令人愉快的态度和快节奏的谈话掩盖了往昔的痛苦。他们的儿子杰克与女朋友走在芝加哥的一条街上时遭到袭击，被打成重伤。他们的女儿埃米在一座东部沿海城市参加和平游行时被警察打伤，大脑受损，过了好几个月才恢复行走能力。埃米住院时，他们俩当中总有一个人在陪着她。他们齐心协力维护着这个家。

唐纳德患帕金森病已有7年。他有轻微颤抖，动作迟缓了一些，但总的来看，还能正常行动。他告诉我，他的榜样是迈克尔·J.福克斯（Michael J.Fox）[①]。他正在帮助一个刚刚被诊断出患有帕金森症的朋友。他告诉她："你控制不了这种病，但也不要让这种病控制你。"

加尼特是这个家庭的基石，总是为了其他家庭成员而保持着坚强。孩子们受伤时，她和唐纳德一起哭泣，她说："我们会挺过去的，而且会过得更好。"唐纳德被诊断患有帕金森病时，她告诉他："我们要加油。"

如果我只知道这个家庭的历史，我会觉得他们很可悲，但事实截然相反。没有什么主题不适合成为喜剧。有一年圣诞节，全家因为看到这两个孩子争着证明自己伤得更重而哈哈大笑。杰克宣称自己赢了，因为他有病历，而埃米现场拿不出这样一份报告。这是一场多么欢乐的聚会！

加尼特对孩子们的成年生活很着迷，既然退休了，她就有了更多空闲时间可以与家人朋友共度。她说："我正在接受变老。这个阶段是生命轮回的一部分。每个人生阶段都有积极的一面。"

我问他们："你们是怎么形成这些大师级的应对技巧的？"

---

① 加拿大裔美国演员，曾五次获得艾美奖、四次获得金球奖，1991年被确诊患上帕金森病。——编者注

他们笑了，耸耸肩膀，好像在说："我们怎么知道？"

他们都谈到自己的童年和附近所有家人的支持。他们有许多勇敢的榜样。唐纳德的母亲是终生的进步派行动主义者。加尼特在一个小镇长大，有个快乐温馨的家庭。她的弟弟是脑瘫患者。弟弟年轻时，加尼特是他的代言人，他年纪大了并且住进林肯的一家机构时，她是他的陪护者。她陪他听音乐，邀请朋友来做客。他是她在逆境中自强不息的光辉榜样。爱一个有健康问题的弟弟使她更加忠于家庭。

这对夫妻为家庭和朋友制订了一个匪夷所思的长期计划。他们想在内布拉斯加州买一个小镇。鉴于我们州随处都有空荡荡的小镇，这个想法并不像你想的那么离奇。在这个小镇，他们可以住在一起，互相照顾。唐纳德笑了，说道："我们可以轮流打理生意和管理城镇。我这个星期当厨师，下个星期管银行，再下个星期当镇长。"

尽管他们对未来的计划充满希望，但也有自己的恐惧。加尼特照顾母亲度过了阿尔茨海默病的晚期阶段，她一想到无法以一种有意义的方式与世界建立联结就感到害怕。唐纳德已经在接受理疗，以缓解帕金森病的症状。他说："我们只能碰上什么就解决什么。我看到好多人在困难处境下仍在努力适应并且很快乐。我不担心。态度会战胜处境。"

我们谈到遗憾。加尼特说，她不相信遗憾。"我们会做傻事。生活总有意外，但没完没了地感到遗憾没有意义。"她讲了一件事。当时，唐纳德在达拉斯的公司倒闭了，他丢了工作。他们失去了房子，因为钱的问题承受着很大压力，但她笑着说："至少我们的麻烦让我们离开达拉斯，回到了内布拉斯加。"

他们很享受与住在几个街区以外的儿子共度的时光。唐纳德和加尼特帮他粉刷房子。他是个音乐家，会邀请朋友在父母的聚会上演奏。每个月有许多夜晚，他们与他的朋友和他们自己的朋友聚在一起听音乐、分享美食、庆祝生日和退休。加尼特捏了捏唐纳德的手说："我们从来不觉得孤独。朋友和家人就是一切。"

即使在谈论悲伤的时候，加尼特也指出，这使得他们感受到了朋友和家人有多么爱他们。埃米受伤后住在东海岸的一家医院时，他们最深切地体会到了这种爱。所有人都聚集在这家人周围。他们送花，过来探望。当埃米终于能够回家时，数百人来到火车站迎接她。

唐纳德和加尼特每年在后院搞一次有现场音乐演奏的烧烤。宾客名单多达三百人。就在最近，他们应邀参加了儿子的朋友们举办的聚会，并且为他们俩是那里唯一一对老年夫妻而感到自豪。唐纳德说，他认为应该与每一代人交朋友。这样一来，即使他变老，他的同龄人搬走或去世，他也永远不会没有朋友。

加尼特说："我们看着家里的孩子，看到的就是时间流逝的结果。我们可以在家族新出生的孩子身上看到亲戚们的特征。我表亲3岁的孩子让我想起我弟弟在那个年龄时的样子。我父亲的蓝眼睛在我侄孙的脸上闪闪发光。"

我们的讨论以喜讯结束。加尼特告诉我，埃米怀孕了。我们用柠檬水碰杯祝贺这个绝好的消息。唐纳德说："现在，我们即将获得人生最好的礼物，那就是我们的孙辈。"

* * *

回首往事，我们可以看到一代代努力照顾孩子的父母。我们可以看到祖先在花生地里劳作，在篝火边敲鼓，在遥远的海上捕鱼，或坐着雪橇行进在北方的严冬里。我们可以看到大平原上的印第安营地、移民船或者奴隶船，还有从东部大城市步行西进的祖父辈。

我们可以祈祷，感谢给了我们生命的母亲、外祖母以及她们之前的所有母亲。当我们需要力量时，可以从她们那里获得激励和勇气，我们可以提醒自己，我们出身于强大的家族。不然，我们活不到今天。

我们乘着小船，在时间之河上颠簸漂流，是曾经在岩洞里生活、在河里游泳、在野外搜索食物的一长串女性中的一员。我们是时间的女儿，是喂养我们、摇晃我们、给我们唱歌、保证我们安全的母亲的孩子。

随着我们接近时间的终点，我们在挤满祖先的天空之下会感到安全。我们中的有些人将成为家族新世代的祖先。

第十七章

帮我们赶走孤独、重返青春的孙辈

“我们家族没有传家宝，但我们有故事。”

——罗丝·彻宁（Rose Chernin）

“你永远无法真正生活在其他人的生活里，哪怕是你孩子的生活。你是通过自身生活以及你本人的成就来施加影响的。”

——埃莉诺·罗斯福

在奥斯汀，西尔维娅继续写日记、游泳以及在星期天上午与她的女性团体碰面。尽管西尔维娅的疼痛明显减轻，但她还是每隔几个月就去见见她的疼痛治疗师梅根。她喜欢跟梅根说话，也需要那个治疗性的泳池。她每晚都简要向刘易斯汇报一下身体疼痛的情况，刘易斯听得很认真，然后笑眯眯地认可她的话。

随着精神和生理健康得到改善，她越发感谢由自己监护的外孙和外孙女。她以前更多地把他们视为负担，但他们其实是她生命中最美好的礼物。

格蕾西喜欢艺术和动物，很会交朋友。马克斯是个皮包骨的高个子男孩，长着大耳朵，有着滑稽的步态。他让西尔维娅想到长颈鹿宝宝——身材瘦长，心地善良，会在无意中做错事。他刚搬来跟西尔维娅和刘易斯一起住的时候，一天搞砸十几件事，但现在几天才惹一次祸。他是个闲不住、情绪多变的男孩，热心又风趣。西尔维娅因为马克斯现在的明显改善而感到自豪。

做家务时，格蕾西会唱《安妮》和《玛丽·波平斯》[①]里的歌曲。她充满活力，是西尔维娅随时需要都可以获得的阳光。西尔维娅做饭时，马克斯给她读自己的旧笑话集。一天晚上，她听到他在自己的卧室里一边玩乐高一边哼歌。那天晚上，她觉得自己是个幸运的女人。

* * *

当然，并非每个有孙辈的人都幸运。我的一个朋友与女儿关系疏远，已经见不到孙辈了。她实在太孤独，所以领养了三只猫，给它们取了两个外孙女和一个外孙的名字。另一个朋友很爱自己的孙子，但小男孩生活在香港，所以自从他5年前出生以来，她只见过他两次。有些孙辈的表现太差劲，所以跟他们在一起很痛苦。当成年子女因为吸毒、酗酒、犯罪行为或者精神健康问题而没有尽到父母的职责时，祖母和外祖母可能会感到绝望。但这些是例外，对大多数人来说，孙辈令我们喜出望外。他们给我们带来的快乐超乎想象。

我记得一个关于拥有大量红宝石和钻石的玛丽·安托瓦内特王后的故事。一天，有个访客请求看看她的珍宝。她吩咐仆人把她的

---

① 以波平斯阿姨为主角的系列童话。——编者注

孩子们带进来，说："这些就是我的珍宝。"我对自己的孙辈就是这种感觉。

如果我们运气好，孙辈在看到我们的时候会面露喜色。至少在他们年纪小的时候，我们可能是他们最喜欢的人。我们与他们的父母不同，不必对他们的日常生活负责。我们可以爱他们，他们可以用爱回报我们。在最理想的状态下，这种关系是最纯粹和最宝贵的关系之一。它有一种神圣的性质。我们互相取特殊的名字，我们的许多活动变成了仪式。

这种关系之所以神圣，原因之一是我们学会了让孙辈百分之百地做自己。我们可能曾经试图把我们的孩子打造成我们自身的迷你版，但到了这个年纪，我们明白了。与上述做法相反，我们接受孙辈固有的独一无二的样子。这种接受给了他们自信，让他们觉得自己配得上他们得到的深爱。这有助于他们把世界看作安全的地方。这在心理上等同于在睡觉前得到牛奶和曲奇，躺到床上之后听到睡前故事并得到晚安吻。这种最重要的自信和自我价值感将伴随孩子终生。

如果我们运气好，就会记得与我们有着特殊关系的祖母和外祖母。我现在是祖母辈了，所以能够意识到我的祖母和外祖母是多么爱我。我和她们在一起时发生的美好事件都不是偶然。相反，我在的时候，外祖母会决定做醋栗馅饼。我们去探望的时候，我和她可以坐在白蜡树下，给醋栗去梗。再过一会儿，我们就可以一起享用美味的馅饼了。

如果我要和在欧扎克的祖母去河边远足、野餐，她就会张罗好一切。她特意要我在她给花园除草或者在黑乎乎的厨房里给别人熨衣服时陪她聊天。我现在是祖母辈了，知道要花多少心思才能让孩子觉得事情是"自然而然发生的"。

我的祖母和外祖母给我留下了关于特定活动、地点和谈话的记忆。我珍视这些记忆。我把她们的一些歌曲、故事和纸牌游戏传给了自己的孙辈。随着我长大，祖母和外祖母问过我一些关于我自己的问题，比如我如何选择朋友，我有什么特别热衷的事情，我喜欢看什么书以及为什么喜欢，我觉得自己有什么天赋。我在回答这些问题之后有所成长。我也试着向自己的孙辈提出类似的问题。

我们这些祖母辈的人可以思考一下，我们最想教给孙辈什么，哪些活动会给他们带来最大的喜悦，我们可以通过哪些方式帮他们准备好在这个错综复杂的世界里生活。当我们仔细考虑过这些重大问题后，就能日复一日地与孙辈分享我们最希望他们体验的东西了。

我们可以送给孙辈“慢时光”的礼物，这是学校和忙忙碌碌的父母不能经常做到的事。我们可以允许孩子们活在当下，得到我们的持续关注。孩子们会珍惜没有特定安排的时间和不受干扰完成任务的机会。

我们还可以帮助孩子的父母客观地看待问题。我们可以提醒他们，他们自己小时候也曾在餐桌旁坐立不安，也不爱上床睡觉。我们可以宽慰他们，作为父母，我们也曾犯过很多错误，但他们还是原谅了我们为人父母的不完美之处，成长为现在这样优秀的人。

我们可以发明新仪式。我和孙辈在一起的时候，我们带着水瓶、观鸟书和用来装我们发现的宝贝的纸袋漫步于大自然中。我们捡拾彩色石头、橡子和树叶。孩子们去度假时，会给我带回这样的宝贝。夏天，我们摘掉红色和粉色木槿花的枯花，用柔软的落花打花仗。秋天，当银杏树叶变成金色时，我搜集了一些，寄给孩子们。

孙辈们最喜欢的食物，我都会准备在手边。我的孙子孙女最喜欢贝果、酸奶和橙子。我的外孙和外孙女喜欢皮塔饼、金鱼饼干和苹果酱。我随时备着这些食物。它们是神圣的。

格伦达和道格是一对退休的祖父母，住处距离孙辈五个街区。如同许多婴儿潮一代的祖父母一样，他们与孙辈的接触非常多。去年夏天，当孙辈已经超过上托儿所的年龄时，格伦达和道格提出照看他们。他们俩策划了一夏天的探险活动，希望孩子们看看新地方、体验新生活并且了解自己的城市。

他们上午9点左右带着当天的计划接上孩子们，一起去博物馆、书店和公园里的免费音乐会。他们开车去攀岩墙、索道，去上每周一次的空手道课。格伦达不喜欢武术，但孩子们喜欢。

开车在城里到处逛的时候，格伦达和道格会指给孩子们看一些他们自己可能不会注意到的东西。一天，他们观察了有轨电车的轨道，给孩子们讲了为什么有轨电车是个好点子。还有一天，他们带孩子们逛农夫集市，鼓励他们选一种觉得自己不会喜欢的蔬菜。格伦达午饭做了这种菜，让他们看看自己的想法对不对。每天的活动结束后，他们都会写下自己的经历。

孩子们给了他们回报。一天，他们的孙女说："等我上大学的时候，我想跟你们住在一起。那时候我来照顾你们。"还有一天，他们的孙子看着格伦达说："奶奶，您有好多皱纹。"格伦达答道："我知道，我老了。"然后，她的孙子说："我管这个叫'爱的皱纹'。"

我们可以对孙辈展开道德教育，加强他们与所有生灵的关联感，帮助他们学会在阅读、人、自然界和创造性工作中找到慰藉。这样做的最有效的方式之一就是深入讨论关于人生的问题。一天，科尔特兰问我："您相信上帝创造了世界吗？"我答道："我不知道。"他说："也许是小微粒凑在一起，创造了世界。"我再次答道："我不知道。"他问我："那么是谁创造了这些微粒呢？"我答道："这恰恰是我想问的。"然后，我们至少花了15分钟讨论信仰的性质、精神生活的存在以及我们对上帝和创世理论的不确定性。

柏拉图曾说过："教育就是教孩子在正确的事物中发现乐趣。"说到如何过上有道德的生活，祖母和外祖母可以充当老师。我们的方法之一是示范对所有生灵的友善和文明行为。另一个方法是讲故事。我为所有孙辈编了一个很长并且始终有用的故事，讲的是小可爱和不讲理。小可爱家是个行为规矩的家庭，他们友善、通情达理，知道在公共场合如何表现，而不讲理家的人粗鲁、邋遢、懒惰，对彼此很刻薄。在参加新活动（比如出席婚礼、参观博物馆或者组织生日聚会）之前，我会告诉孩子们活动情况的两个版本。他们发现，到处乱扔食物、对父母大喊大叫、在公开场合打嗝和骂人的不讲理非常滑稽。他们都保证，无论接下来有什么活动，他们都会像小可爱那样表现。每当希望孩子们好好表现的时候，我只需要说一句："要表现得像个小可爱。"

还有一种方法是讲述我所谓的"考验故事"，也就是大家在陷入绝境后的表现。孩子们喜欢关于孤儿或者任何在艰难处境中勇敢自立的孩子的故事。我给孙辈讲述"泰坦尼克号"、远征南极或者智利矿难（矿工们互相照顾了许多天，最终获救）那种在现代灾难中表现得体的成年人的故事。

我们还玩一个叫"你会怎样做"的游戏。我向孩子们提问，让他们告诉我，他们在困难处境中会如何表现。例如："如果你要和一个成年人上车，但你意识到她喝过了酒，你会怎么做？""如果你在路边发现1000美元，你会怎么做？""如果你夜里醒来，闻到房子里有烟味，你会采取什么行动？"

孩子们喜欢这些游戏，因为这给了他们一个解决复杂现实问题的机会，使他们在面对未来的时候有了更多自信，也让他们为可能发生的情况做好准备。

我喜欢的谈话主题包括，如何保护受到霸凌的孩子，如何体面地输掉比赛，如何帮助有需要的人而又不会冒犯他们。我和最大的几个孙辈讨论过，如果有人发表仇恨或者种族主义言论，该怎么办。我们讨论到，战争是一种可怕的解决冲突的方式。我们还谈过身为公民的意义何在。

孩子们的生活就像成年人一样错综复杂，要面对许多同样的生存困境。大多数孩子能共情、反省，在行为上向善。祖母和外祖母可以通过热爱劳动来教孩子劳动。我的祖母和外祖母一直劳动，在劳动的同时，她们还会组织聚会，与大家一起欢笑。我想向孙辈展示的就是那种生活。我热情洋溢地跟他们谈起我的写作和义工项目，孩子们在的时候，我经常建议我们一起劳动。他们都喜欢劳动。

祖母和外祖母给了孩子一张用时间、地点和人织就的关于先天身份特性的巨大安全网。我们最重要的职责之一是向孩子们讲述我们了解的家族中的六代人。一个孩子人生中听到的故事越多，他就越有可能具备丰富的自我意识。

我们可以给孙辈讲述绵延数代的家族价值体系。所有家庭都会在某个宗教建筑中敬拜——也许是真正意义上的基督教堂、犹太会堂、佛教庙宇或者清真寺，也许是体育、音乐、飞蝇式钓鱼[①]。我见过住在科罗拉多州的外祖母在她的教堂和图书馆做义工。我见过母亲经常对别人慷慨大方。她每天早晨出门上班时都会说：“对别人好一点。”

早先，我们家信奉特定的价值观。我们笃信勤劳和友善。我们

① 飞蝇钓法是用仿生饵模仿飞蝇、蚊虫、蜻蜓等有翅昆虫落水的情景，从而刺激水体中凶猛的掠食性鱼类的钓法。——编者注

看重教育、美食和户外活动。我们珍惜体验而不是目标。我们爱鸟类，我们聚在一起观察大风暴，对电闪雷鸣表示惊叹。我希望孙辈通过观察我来学习我们的价值观。

一个母亲节的晚上，龙卷风警报在晚餐期间两次响起。我们飞快地跑到地下室。4岁的科尔特兰从来没有体验过带着猫、手电和手机的地下室之旅。他从没见过电视直播气象学家展示地图和红色区域并警告大家快去避险。

我对于陪伴科尔特兰度过第一个龙卷风之夜心存感激。这给了我一个机会教他了解我们家族有多么喜爱大风暴。风暴转移到我们的东边之后，我们出去四处转了转，观察云层。科尔特兰对大风和气温骤降感到惊异，我说："风暴是大自然在向我们展现它的威力。"

孩子们喜欢听人讲他们的父母在年幼时做过些什么，尤其是怎么淘气的。他们喜欢听到关于自己的故事——关于他们出生、咿呀学语和滑稽习惯的故事。

我们都是孙辈的"文化历史学家"。我们记得米老鼠俱乐部、汽车电影院、约翰·肯尼迪当选、猪湾事件、"越战"、1968年民主党大会、黑豹党、燕麦片、酸奶，当然还有羽衣甘蓝的推广。

我们可以给他们讲述自己曾经生活过的那个缓慢得多、安静得多的世界。我的孙辈简直不能相信我的父母让我只带一本书、一罐苏打水和一个花生酱三明治就骑车到小溪边去。我会在树下看一整天的书。他们很惊讶地得知，以前很多家庭的门上都没有锁，大家整晚不拔车钥匙。

我给他们讲述10英亩[①]的草原狗镇、流动图书馆和怀孕后必须

---

① 1英亩约等于4046.9平方千米。——编者注

辞职的老师。我解释说，即使在最寒冷的冬日，女孩也必须穿裙子上学，严重残疾的孩子只能待在家里。我教给他们我童年时在农村曾玩过的游戏——红色漫游者、追羊、木头人、抓子儿、跳房子和挑圆片。

我的孙辈简直无法理解没有电视、微波炉、电动车窗、手机、电脑和空调的世界。那是我从小到大生活的世界。对他们来说，我的历史是古老历史。

我们的故事有助于孩子们形成身份特性、视角和观点，而这一切将决定他们在余生中理解自身经历的方式。

当然，孙辈给我们的礼物像我们给他们的一样丰富。有孙辈陪伴会使我们重燃对孩子的爱，提醒我们想起自己以及子女的童年。孩子们往往还会给我们的生活带来许多乐趣。无论我和丈夫白天过得多么艰难，都可以开始谈论我们的一个孙辈说过或做过什么有趣的事，从而转换话题并且振作精神。

孙辈驱走了孤独，让我们重返青春，给了我们使命。就我个人的经验而言，没有什么能与新生儿相提并论。我喜欢摇晃着婴儿，感觉他的头靠在我肩颈处的那种愉悦。我喜欢听到婴儿呼吸的声音，哪怕这意味着整晚睡眠不佳也没关系，我喜欢在睡觉时有个婴儿紧贴在我身边。我绝不会忘记怀抱着凯特在花园里走来走去的那种喜悦。

只有1岁的奥蒂斯喜欢看我跟着20世纪五六十年代的秀场音乐唱歌跳舞——《哦，多美的清晨》（*Oh, What a Beautiful Morning*）、《洗个头，忘了他》（*I'm Gonna Wash That Man Right Outa My Hair*）、《76支长号》（*76 Trombones*）。婴儿能教给我们很多东西——去爱我们深爱的人，直截了当地说出我们的需求，及时行乐。

还有谁比3岁的孩子更有趣呢？在那个年龄，科尔特兰睡一觉，然后早晨5点叫醒我。外面还很黑，我带他到前院去看星星。我们铺上毯子，仰望天空。我们俩都对银色月亮、黎明前天空中可见的许多星座以及所有一切的恢宏气势肃然起敬。然后，我准备好桂皮吐司，我们观看日出。我希望自己到临终前还记得这一幕。

5岁时，科尔特兰发现了手势引号[①]。我们度过了一个欢乐的下午，我们说的一切都在手势引号里。令人惊讶的是，如果用了手势引号，就连最普通的句子都显得特别有趣。如果把“零食”放在手势引号里，就连“我想吃零食”这句话都会很欢乐。

10岁的女孩不可思议。我的外孙女克莱尔10岁时来做客一周，参加艺术营和游泳课。一个阳光灿烂的下午，就在跃入泳池之前，她拥抱了我，并且说：“我是最幸运的女孩。”在那一刻我意识到，能有如此充满愉悦和懂得感恩的外孙女，我是最幸运的外祖母。

我的孙子艾丹上中学时得了脑震荡。他有两个星期要严格遵守规定——不能看电视，不能上学，不能见朋友，不能活动得太多。我给他寄去整包甘草，每天给他打电话。但最后，我还是必须亲自去看看他。

我开车90英里来到他家的农场。艾丹看见我的时候，沐浴着金色的阳光向我走来。我能感到内心敞开，感到我对他的爱进入了他的内心和其他地方。我们为见到彼此并拥抱而感恩。

艾丹建议我们去钓鱼，这是医生允许他参加的少数活动之一。我开车带他去了附近一个小小的农场池塘，看着他抛出钓钩。说真

---

① 指讲话者双手食指和中指弯曲作出引号动作，表示讲话者正在说的话得加个引号来理解，通常是反话。——编者注

的，对我们俩来说，真正重要的是能聚在一起。我一辈子都会记得和艾丹钓鱼的那个下午，阳光透过春天嫩绿的树叶照在我们身上。

青少年也很有趣，但我们这些（外）祖父母不再是他们的宇宙中心。朋友和活动取代了我们的位置。我怀念孙辈们对我的依恋。我的内心想要留住那些看重亲情、关系亲密的孩子。

然而，我努力适应了他们的变化。我告诉他们，我希望他们对我保持坦率和真实。我想知道他们的真实感受和想法。当我听到他们的困难和挣扎时，我觉得跟他们更亲近了。那是我们作为人真正保持关联的唯一方式。

我正在努力寻找与他们相处的新方式。我通过观看他们的体育活动和了解他们的兴趣爱好来保持参与。我和凯特有时同看一本书，以便能够讨论。我和艾丹喜欢棋类游戏。他们全家来做客时，我设法抽出半小时单独与每个青少年相处。我和丈夫还有个习惯，那就是在孙辈上高中时，单独带每个孩子出去旅行一次。

当祖母和外祖母需要不断调整自己。孩子们在变，我们也在变。我给蹒跚学步的奥蒂斯当祖母时，与我给最大的孙辈凯特当外祖母时是不一样的。凯特是个小婴儿的时候，我54岁。现在我70岁。

由于孩子们变了，我努力确保自己的预期合情合理，不会太高也不会太低。例如，3岁时，孩子们可以帮忙摆桌子和收桌子，他们应该帮忙做家务。另一方面，我知道孩子们并不总会喜欢我希望他们喜欢的东西。当我们带13岁的孙子去原始森林时，他喜欢寻找和捕捉香蕉蛞蝓[①]。我们的远足结束时，他已经数到了75只香蕉

① 温带雨林区的特有动物，是腐生生物。颜色长相似香蕉，故而名之。——编者注

蛞蝓，还和其中好多只合了影。我可能会专注于背阴处的可爱苔藓或者在风中轻轻摇动的红木树枝，但他是小孩，对他来说还是蛞蝓比较刺激。

即使在最理想的情况下，当祖母或者外祖母也很复杂。我的多代家庭比世上的任何事物都更令我快乐，也更令我抓狂。我期待家庭聚会，经常会对聚会的场面产生奇妙幻想。但与此同时，我又感到担心，因为从以往的经验来看，家庭聚会有时会充满艰难时刻。高预期可能会给我带来烦恼。除非我控制预期，否则就有可能会在大型家庭假日过后以泪洗面。

当祖母或者外祖母需要高超的外交技巧和自我约束。我们知道了保持沉默，知道了自己该说的是“你的孩子们真不错”或者“你们是了不起的父母”。

我的朋友雷吉娜打算让她的孙辈叫她“巧克力金币奶奶”。我的朋友简建议我不要发表批评意见，并且在冰激凌店付账或者为孙辈的训练课掏钱时要慷慨大方。

角色转换了，现在我们的孩子是权威，我们对孙辈的态度要符合他们的期望，我们不应质疑他们的权威。除非他们请求，否则我们不要出谋划策。正如我信仰佛教的朋友所说的那样：“我的箴言是，没人要我发表意见。”

我们必须以某种方式学会一方面深深爱着和关心着孙辈，而另一方面承认不是我们说了算。我们几乎什么都控制不了。当我们觉得自己知道有些东西可能有帮助时，很难不吐露我们的想法，但是，正如我女儿有一次告诉我的那样：“妈妈，我的朋友们在为人父母的事情上都不想听妈妈的建议，除非是他们主动去请教。”

我们开车、做饭、向孩子们推介文化活动并且帮助疲劳紧张的孩子父母时，就是在帮最大的忙。

如果我们提醒自己，我们并非无所不知，我们的意见并非永远正确，那会有所帮助。我们可以记住自己为人母时犯下的许多错误。我们希望自己可以让孩子们不必通过尝试和犯错来学习，但我们做不到。

我们的孙辈成长得太快。他们每次实现成长的飞跃，我们就会失去爱过的孩子。我们失去了喜欢坐在我们腿上读书的3岁孩子，或者没完没了变魔术的8岁孩子。那些孩子消失了，新的孩子出现了。我已经结束了人生中怀抱婴儿的阶段。除非我能活到非常老，否则绝不可能再摇晃某个孙辈生下的婴儿了。

在我和丈夫是年幼孩子的父母时，我们经常会谈到自己的父母多么希望见到我们。他们总是要我们去做客，我们抵达时，他们会站在门廊上，或者从窗户里向外张望，等待我们的汽车。我们离开时，他们会送我们到车边，在我们系安全带的时候同我们聊天。我们很难打断对话开车离去。现在，我就像曾经我的父母一样，从窗户里向外张望，在一家人离开时哭泣。

第四部分

成功走向多段式人生

第十八章

光彩照人的真实自我

“我们通过某种方式了解自己究竟是什么样的人，然后接受那一切。”

——埃莉诺·罗斯福

“我因年龄增长而光彩熠熠。”

——梅丽德尔·勒·叙厄尔

一天上午，在落基山脉远足后，爱丽丝要埃玛给她办一张健身房的会员卡，以便她去锻炼。这听起来像是个合理要求，但埃玛无数次给爱丽丝办过动物园、水族馆和娱乐中心的会员卡，爱丽丝会去几次，然后就丧失了兴趣。

埃玛皱起了眉头，爱丽丝说：“妈，这次我会坚持到底的。”

埃玛的本能反应是让步，但是经过几年治疗，她比较理性了。她行事是基于理智，而不是因为害怕不被别人认可。她告诉爱丽丝：“前几个月你自己掏钱，之后，如果你能定期去健身，我就付一半。”

爱丽丝对埃玛的回答感到惊讶，但没有抗议。相反，她说：

"我考虑一下。"

埃玛感到一阵自豪。她听从了内心的声音，与女儿设立了合理的界限。她对自己说："埃玛，干得漂亮。"

随着埃玛更诚实地面对自己和他人，克里斯做出了埃玛始料未及的回应。他非常高兴她能更好地照顾自己。他说："如果能放松下来，你会更有趣。我不像以前那么担心你了。"

爱丽丝更尊重她了，不再粗暴无礼。埃玛觉得，爱丽丝是在考验她，看埃玛忍受多久才会反抗。现在埃玛设立了界限，爱丽丝不再需要考验她了。她减少了对埃玛的要求，也更加感激埃玛给她的一切。

埃玛的瑜伽、按摩、冥想和日记有助于她坚持自我。年过七旬，她终于了解真正的自己了。

* * *

我们晚年的重要礼物之一是有可能做到真实，也就是玛格丽特·富勒所谓"光彩照人的至高自我"，而这源于摆脱恐惧，实现完整。我们可以丢掉形成于童年、伴随我们度过一段相当漫长的旅程的虚假自我。我们有潜力发掘内在的真实自我，并最终说出真相。

通过经历变得更完整和更有意识的进程，我们知道了最重要的关系是我们与自己的关系。与此同时，矛盾的是，我们很可能会丢掉年轻时的自恋和以自我为中心。我们更深刻地意识到我们是谁、世界是什么。我们获得了管理自身情绪和在我们自己与他人之间设立合理界限的技巧。

如同在所有的发展挑战中一样，成长需要一个生存选择和一套技巧。无论我们遭遇什么，都可以做出成长的选择。当我们不再担心别人的想法时，就会允许自己按照真实的自我去生活。我们可以承认并接受自己的消极情绪和瑕疵，同时还有我们对诚实、愉悦和自由的深切愿望。

最后，我们可以允许自己只与真正喜欢的人共度时光。我们可以与朋友开怀大笑，给自己买鲜花，在月色下起舞。通过关注平凡的环境，我们可以在日常生活事件中找到亮点。

真实对不同女性来说意义不同。对玛丽亚来说，这意味着不染发，不盛装打扮，不参加她不想参加的活动。对耶塔来说，这意味着星期天上午睡懒觉，如果愿意，就拿馅饼当早饭。当娜奥米终于反抗她暴虐的丈夫，告诉他如果还不罢手，她就搬出去的时候，她感到完整而自由。

对于性格冷淡的克斯特蕾尔来说，真实意味着学会去信任。在母亲患癌之前，克斯特蕾尔只信任自己。她习惯了自己的愤怒，但受不了脆弱和温柔。她生活在自我的小堡垒中，周围是红酒构成的护城河。

然而，伊夫琳的癌症打开了克斯特蕾尔封闭的内心世界。通过照顾母亲，克斯特蕾尔治愈了自己。她完整了，成了一个能够信任别人和可以变得脆弱的人。

起初，这种新的柔情令她恐惧。如果她有办法，肯定会重新把内心世界封闭起来。但是，这次她无法忽视自己的悲伤。起初是对母亲的担忧，后来则扩展成为进入她复杂、感性而宝贵的自我的门户。

* * *

对萨尔来说，真实就是找到她从小就在寻找的上帝。我在纽约见到她时，她穿着黑色休闲裤和橙色外套。她有一张友善诚挚的脸，在回答问题之前会深思熟虑。她有时非常诙谐，但大多数时候是真诚而严肃的。萨尔说的第一句话是："我本该是个一米九五的男子汉，可我天生是个矮个子女人。"

她认为，她对自己的看法与别人对她的看法之间存在脱节，从而给她的整个人生带来了麻烦。她觉得自己内化了美国文化对矮个子的一些看法。她的个头太小，所以觉得自己无足轻重。她意识到，"矮"这个字有时是"短"的同义字，比如"短了零钱"或者"短路"。

她抵制女性化的文化压力。少女时代，她拒绝连衣裙或者鬈发。她不肯玩洋娃娃。她告诉我："我不是那样的人。"现在，她穿得更像男性，头发剪得很短。

小时候，萨尔遭到一个叔叔多年的性虐待。她三次把受虐的事情告诉母亲，但母亲不相信。当她第四次说起这件事时，母亲打了她，要她别再说谎。

高中毕业后的那个星期，萨尔搬到了纽约。在得到打扫一个顾客盈门的美容院的工作之前，她一直流落街头。她放任自己遭受性剥削。她把自己看得一文不值，觉得自己活该被当作性交对象。她对个人界限一无所知，害怕与任何人亲近。她与任何人都没有关联。

萨尔说，她屏蔽了关于自己往昔的大量信息。她对自己的中学时代几乎什么都不记得了。萨尔告诉我："我回顾自己的人生，看到的都是黑暗和痛苦。我那时是个不合群的人。我受到攻击、侮辱和霸凌。我真惊讶自己现在还活着。"

维系她生活的是天主教信仰。小时候，她想成为神职人员。她在起居室做弥撒，练习神父使用的各种祷告词。祈祷和举办教堂仪式令她感到宽慰。

20世纪80年代，她是该市小有名气的发型师。她有许多百老汇和艺术界的知名主顾。在艾滋病肆虐的那10年，她有70%的主顾都去世了。她失去了朋友，生意一落千丈。现在她已经年过六旬，许多朋友都在担心失去朋友，而她的反应是："我已经经历过了。"

33年前，萨尔接受戒酒治疗，加入了一个匿名戒酒会。现在，萨尔是12步戒酒训练班的负责人，还负责为帮助遭到性侵的女性而组建的团体。

她的成功恋爱关系始于一次匿名戒酒会的活动。她在多伦多参加匿名戒酒会成立70周年的纪念活动时，认识了性格外向、精力充沛、比她小14岁的诺尔玛。大会的最后一晚，她们彻夜长谈。次日清晨，她们动身返回各自的城市，但继续通过电话保持着联系。一年后，诺尔玛搬到纽约与萨尔团聚。诺尔玛是萨尔的第一个也是唯一一个长期伴侣。

在过去的10年里，诺尔玛和萨尔以及萨尔的母亲同住并照料她。萨尔的母亲患有严重的关节炎，近乎全盲。萨尔和诺尔玛帮她洗澡、给她做饭、与她做伴。萨尔不再为母亲在自己是个脆弱孩童时没有好好保护自己而感到愤怒了，现在是母亲更脆弱。

萨尔有严重的健康问题，包括EB病毒（可能致癌的人类肿瘤病毒之一）。她开玩笑说，她30多岁的时候，"对什么都过敏，只能吃小树枝"。然后，她得了乳腺癌，不得不面对自己可能死去的事实。但是，通过常规治疗，还有瑜伽和长寿饮食，她慢慢地恢复了健康。

萨尔的癌症痊愈后，她知道了自己是多么迫切地需要与上帝建立关联，于是她选择成为神学院学生。她拿到神学学位后，建立了自己的教会。祷告和举办仪式再次成为她日常生活的一部分。

星期日，萨尔给她的会众讲道。她还主持婚礼、追悼会和新居祈福。她领导静修活动，将大部分时间花在帮助大家实现精神成长上。她传达的信息很简单：我们都应该得到爱和尊重。

萨尔对自己比以前宽容了许多。她学会了给自己一些小小的犒劳。例如，她在上陶艺课，每周出去吃一次寿司。经历了之前的一切后，萨尔觉得自己能活下来很幸运。当她回顾自己的早年生活时，意识到自己是在酗酒行为中寻找上帝。她告诉我："我一辈子都在寻找上帝，现在上帝用他的存在保佑着我。"

* * *

无论我们的处境如何，只要保持生机勃勃的生长趋势，就能让人生完整而美丽。真实生活源自一个需要我们听从自己身体、心灵和头脑的不断深化的进程。最有效的方法之一是冥想。而任何自我意识的载体——比如艺术品、日记、瑜伽或者反思性交流都会让我们更加了解真实的自己。

自我意识使得我们能够把自身的需求和欲望与他人的需求和欲望区分开来。我们可以一次次问自己："这次互动中的哪部分关乎我？这种处境中的哪部分与我无关？"

这些问题教我们不要把所有事情都当成针对我们个人的，但同时也要为自己承担责任。

我们可以了解不断自我审视的重要性，并且学会监控自己的怪癖、盲点和重复发生的事。我们可以训练自己觉察到我们的冲动。我们可以意识到自己喜欢评判的天性，同时又阻止自己真正去做评判。我们可以关注内心深处那个想要保护我们和呵护我们的声音。

到了65岁，我们很可能已经知道如何享受日常生活并且预料到合理数量的错误、沮丧情绪和挫折。我们知道，所有人都受过伤，都有瑕疵，但同时也都是美丽和值得爱的。我们可以结束与现实的争斗，多给自己一点埃伦·伯斯泰因（Ellen Burstyn）[①]所说的“没有规矩束缚的日子”。

做到接纳，就有了自我原谅的可能。正如莎伦·扎尔茨贝格所说的那样：“你可能找遍全世界也找不到一个比你自己更值得爱的人。”

也许最了不起的智慧是终于知道如何善待我们内心的那个疯狂宝贝。如果我们学会这样做，就会对他人宽容。我们可以表明自己没有必要伪装。随着我们成长，我们也在教育别人。我们的经验是，我们可以做那个有瑕疵、一团糟、自相矛盾和了不起的真实自我。

做到自我接纳之后，我们就会不再那么渴望认可或名气，我们可能还是会发现自己有争强好胜的天性，但不会冲动行事。我的许多朋友告诉我，她们不那么需要给人留下好印象和取得成就了。相反，她们能在赋予别人力量的时候感受到强烈的喜悦。

* * *

薇洛不再认为自己只是个生产工具。她继续工作，但承担了不同职责：照顾索尔。她仍然有着强烈的目标感，但有时也会休息一下。她知道尽管有用是好事，但有时没用可能更好。她允许自己打个盹儿，或者看看《纽约时报》的时尚版。她和索尔给彼此讲了更多笑话。当她无意中向镜子里张望时，被自己的微笑给吓了一跳。当她听到自己在大笑时，她想：“我喜欢这样的自己。”

---

① 美国女演员。——编者注

我经常渴望有宏大的生活。“即使在京都，我也想念京都”这种感觉适用于我。但是，70岁以后，我更满足于生活的现状。许多夜晚，我入睡的时候会想，如果这是我在世的最后一天，那么我对自己度过这一天的方式感到满意。如果我现在知道自己只有一个星期可活，我认为自己也不会大幅度地改变日程安排。

同样，我在人生中的许多时候努力成为更好的自己。有个德语单词是“schlimmbesserung”，意思是“因为改进造成的恶化”。我有时就体现了这种说法。我经常想成为更好的人，但这妨碍了我享受自身个性带来的快乐。

有些佛教徒说：“你现在的状态就很完美，但你可以再改善一点。”我对自己就是这么看的。令我感到如释重负的是，我并不总是一门心思想要自我改善。有时候，我对自己的样子很满意。我仍是个追寻者，但我可以放弃不断自我改善的计划。有时候，我把自己的古怪个性和神经质作为我的一部分接受下来。

我的自我接受是数十年缓慢成长的进程带来的结果，但我时常体验到一种带来急剧成长的顿悟。我能看清自己和他人而不做评判。我接受一切。

有一年6月，我飞往大巴哈马群岛与朋友简会面，就经历了这样的时刻。我们从20多岁就开始讨论这样一次旅行。我们俩的丈夫都不喜欢在海滨度假，而且多年来，我们负担不起这样的豪华假期。但最终，在65岁的时候，我们可以成行了。我和简本可以在任何其他地方尽享快乐——在自行车专用道上散步，或者在阴凉的咖啡馆里吃午餐，但现在我们身处加勒比海的岛屿上，这里有白沙滩、碧浪和高大的棕榈树。

我们的旅行是一次自然体验。我们随日出醒来，每天晚上观赏日落。我们的日程安排围绕潮汐、云朵、阳光和鲜花展开。除了白天最热的时候在室内看书，其余时间我们都在户外。我们在沙滩上散步，烹制简单的餐食，在蓝绿色的水中蹚来蹚去。简不会游泳，而我用呼吸管潜水，欣赏美丽的鱼类和珊瑚。

晚上，我在庭院里的躺椅上看星星。这些星星是流动的，低悬在没有污染的天空中。我能听到海浪的轻柔节拍和微风拂过旁边一棵高大椰子树的声音。一天晚上，我望向空中，意识到自己脑海中有一个疑问。我希望星星告诉我某个了不起的真相。我都不清楚自己到底有什么疑问，但我相信天空会给我答案。

首先，我回想起离开了这个世界的亲人们。当我想起与他们大多数人在一起的特定时刻时，我感到了被爱和快乐。当我回想起给我带来巨大痛苦的几个家族成员时，脸上出现了悲伤的表情。当我意识到有些事令我们永生难忘时，不禁感到心痛，它们深藏在我心里，随时能够被想起和感受到。

我希望找到一个迹象——一颗流星告诉我，我的祖母在问候我。我想以某种方式得到祖先或者星星本身的认可。有了这个念头之后，我对自己不知如何提出的问题有了答案。

我的答案就是："让星星还是星星。那就够了。"我忙碌的头脑准备马上编造关于天空应该为我做些什么的期望、要求乃至故事。我发现自己处于试图操纵夜空的荒唐处境中。

"让星星还是星星。"

我感到一股平和的浪潮席卷全身。在那一刻，我可以顺其自然。

我长时间凝视天空。我充满感恩之心。我感受到了简单承认现状的诚实状态。在个人生活中，那可能只不过意味着事物该叫什么就叫什么。我这辈子都回避把痛苦叫作痛苦。我曾经试图美化事物，把它们变得不同或者更好。但是，如果我简单地把愤怒叫作愤怒，又会怎样呢？如果把悲伤叫作悲伤呢？如果把不忠叫作不忠，又会怎样呢？如果我能说出辛酸，而不是极力避免体验那种感受，又会怎样呢？

我不必编造任何东西、否认任何东西或者宣称任何东西。

我也不必长时间保持同一种情绪。情绪会维持一段时间，我只能听任它在这个时间段展开。正如莱昂纳德·科恩（Leonard Cohen）[①]说过的那样："内心感受是变化不定的。"当我的内心感受消失时，我可以准确地说出替代它的那种情绪。

那天晚上，我觉得自己从最大视角看到了天空。星星没有往上走或者往下掉。它们向大气层散发光亮。沙滩上的顿悟使我冷静、喜悦而平和。至少在那一刻，我感觉痊愈了。我还感觉内心的某种东西发生了变化，也许我的人生将会不同——更诚实，而且不那么充满需求。

我们这个人生阶段最大的财富就是真实。我们在旅行中已经达到这样一个阶段：至少在这一刻，我们可以放下船桨，环顾四周。我们不再恐惧，在内心发现了源源不断的力量。我们可以珍惜自己看到的一切。我们可以因为自己的头脑、内心和身体而充满感恩之心。我们的成熟头脑和耿直内心让我们有可能从多个视角看待自身生活。我们可以把所有祖先和所有生灵纳入我们的关怀圈。我们可以立志成为友善和随时守候他人的人。我们可以珍惜这个世界不断赠予我们的礼物。

---

① 加拿大歌手、小说家、诗人，是与鲍勃·迪伦并称的美国民谣运动传奇人物。——编者注

第十九章
与 过 去 和 解

“关于变老，最妙的是你不会失去自己有过的所有年龄。”

——马德琳·恩格尔

“要时刻记得：你活着，你的祖先便活着。”

——希腊谚语

最近，我找到了焚香用的旧镀金罐。10年前，我在这个罐子里存放过祷词。它们都是简单的祷词，往往只记录着几个字：“我妹妹的行为”、“我弟弟的健康”或者“我朋友的婚姻”。

我打开这个旧罐子，掏出所有祷词。我慢慢读着，试图回想起是什么事件促使我写下了这些字词。我意识到所有祷词都得到了回应。不是通过我做的任何事，也未必是发生在我为之祈祷的人们身上的任何事，而是时间已经使这些特定问题变得无关紧要。我现在处于不同时代，有了新问题。我思忖着时间用历史掩盖旧有担忧的可贵性质。也许得到回应的祷词往往就是这样——只不过是停止担忧。

随着我们变老，我们越发注意到自己在深度时间中的位置。我们是进化构成的流动的时间之河里的一滴水。我们的生活史可以追溯到宇宙之初，我们的人类宗谱有1500万~2000万年。我们与古老而庄严的韵律和循环紧密关联，我们现在就在这里，与我们的朋友和家人、我们的国家、其他70亿人以及所有生灵分享这一刻。这种深度时间和互联互通的意识往往在我们的晚年出现。当我们深切体会到它时，也感受到了深深的悲伤和喜悦。

时间是观点的好老师。如果我们让自己活在当下，如果我们努力理解自己的经历，那么时间会治愈我们。我们总会犯错，各种各样的痛苦总是如影随形。不过，在人生历程中，我们知道人类会本能地缓解不利冲击。这使我们内心对坚韧和不屈的希望形成了某种尊重。回顾自己的人生，我们会看到危机与成长的无尽循环。

我的表兄史蒂夫说："到了65岁的时候，我们已经经历了很多东西。"这一点毫无疑问。当我们回首往事，会发现喜悦与悲伤、失败与胜利、金色河流上的瞬间和迷失在黑暗中的夜晚。我们可以看到自己从孩提时代开始的历程。

我无法认同21岁时的自己。那时候，我为了买一条缀着闪闪发光的黑珠子的怀旧风的黑色松身低腰连衣裙而去卖血。我穿着它走动时，就像一道细细的黑色火焰般闪亮。我无法想象当年买了那条连衣裙的那个年轻女子。如今，我只有在事关生死时才愿意去卖血，大多数时间穿宽松运动裤和T恤衫，最不想做的就是吸引别人的注意。

不过，如果我们寻找延续性，也能找得到。我现在最大的爱好就是10岁时最大的爱好。我喜欢看书、学习、游泳、散步以及与家人朋友在一起。无论我处在哪个人生阶段，都喜欢照顾人和动物。最近，我和八年级时认识的闺密聊天，她还记得我经常提议大家躺在草地上凝望天空。我如今还在和家人、朋友一起这样做。

我还是个小姑娘的时候，一天看好几个小时的书。我年轻时读过《布鲁克林有棵树》、《安妮日记》和《杀死一只知更鸟》。我喜欢读海伦·凯勒、居里夫人和埃莉诺·罗斯福等女性的传记。这种阅读让我了解了人类行善与作恶的能力。我现在还会花时间阅读有助于我理解我们复杂、多面、跨越时空的人生经历的书籍。

我反思自己人生中的事件，那是“二战”结束不到一年后开始的。塑造我们这代人的包括朝鲜战争，“冷战”，古巴革命，民权运动，约翰·肯尼迪、马丁·路德·金和罗伯特·肯尼迪遇刺，“越战”，气候变化，“9·11”事件和中东战争。

塑造我人生的还有我一路走来认识的人，比如教我制陶的瑞典女移民、优秀的高中英语老师、我在加利福尼亚大学伯克利分校的人类学教授们、我的临床心理学研究生课程中的某些教授、我在出版界的长期顾问和朋友。自1972年以来，我一直生活在本地朋友构成的群体中，我们塑造了彼此的品位、价值观和态度。

然而，对我最重要的影响因素是家庭。我能纵观六代人的时光，在我死去之前，如果我够幸运的话，将会看到第七代人。这种长远的家庭眼光有助于我反思诸如“什么是性情”“为人父母的影响是什么、文化的影响是什么”“什么是天生的”“我是怎样成为今天的我”等问题。

我还是个小姑娘的时候，这些问题比较容易解析。在内布拉斯加州比弗市，我们或多或少都有着同样的文化和机遇。我们接触到的是同样的世界新闻。这使得我们在厘清文化、家族和个人特征时具备了优势。我很高兴自己在小城镇度过了童年。如今，我们往往不认识身边人的亲戚。

我的两个原生家庭截然不同。我父亲的家族是爱尔兰人。他们不拘小节，有亲热的身体接触，喜欢社交。我母亲的家族是苏格兰人，极其拘谨，循规蹈矩，强调教育、道德责任和公民义务的重要性。而我是两个家族的综合体。

我母亲和外祖母对我的价值观影响最大。外祖母佩奇觉得她的职责是培养我成为讲道德的人。我们的谈话主题是我们看过的书以及我对朋友和活动的选择。她鼓励我思考自己能为世界做些什么。她管我叫“我的玛丽”。

我的责任意识源自我这位外祖母。她教我只考虑别人。也许我把这一点掌握得太好了！过去10年里，我在努力学着更多地考虑自己的需求和喜悦。

我母亲是我们县唯一的医生，她做学校体检、验尸、接生、外科手术以及处理公路和跑道上的急诊。她不能容忍蠢人。她受不了疑病症患者、懒人或者抱怨个没完的人。她自己总是忙个不停，希望孩子们也不要停下来。

她是个好母亲，但陪我们的时间不多，也不太能满足我们的感情需求。如果我们因为生病而要求请假待在家里，她会说：“行啊。我先给你好好打一针青霉素，然后你整天都得待在床上，只能喝茶。”这种态度使得我们不敢装病。可悲的是，这也使得我们不太敢于表达痛苦。

多年来，我们可能也从某些人那里知道了自己不想变成什么样。小气的舅舅、冷酷的老师或者严厉的家长可能会促使我们朝着与他们不同的方向发展。许多女性之所以成为后来的样子，是因为她们决心要与某个特别负面的典型截然不同。我的一个朋友有个酗酒和疏忽大意的母亲。她告诉我：“我当妈妈之后，发誓要用完全不同的方式抚养孩子。我不抽烟、不喝酒。我烤曲奇，指挥一个女童子军团队。我从不错过孩子的任何活动，我倾听他们的心声。我了解他们是什么样的人。”

命运与选择交织在一起，将我们塑造成了现在的样子。我们可以清楚地看到运气和机会发挥的作用。例如，吉姆在研究生院时正好和我一个班。我邀请他做我的学习伙伴，后来我们决定约会。如果我没有在特定的地点和时间开始读研究生，我就不会过上这种特定的生活。我们都有许多类似经历。

作为经历过几十年人生的女性，站在我们的有利位置去看，可以把生活看作由许多水流汇集交织而成的辫状河流。我们可以看到平缓的转弯和U型湖、冰凌和春潮。我们开始理解什么是河床、什么是河流或者什么是持久的、什么转瞬即逝。

这种视野给了我们灵感、喜悦、慰藉和实用的建议。检视我们的往昔给某些关系增加了深度，帮助我们自我了解，使我们觉得自己与以往、现在以及我们逝去很久之后的未来的人们存在深刻关联。

到了这个年龄，我们之所以能解决很多问题，完全是因为以前遇到过，而且知道怎样着手。如果有人向我们吐露她的痛苦，我们知道怎样倾听和安慰她。我们知道怎样逗弄或者安抚孩子。我们知道怎样规划婚礼或葬礼，我们在处于心理或生理痛苦中的时候能够举止得体。我们能识别深化我们内心的灾难，以及改变我们看待世界的方式。

* * *

红褐色头发的薇洛经常从长远角度看问题。她的许多家族成员在“大屠杀”中遇害。她翻看手边为数不多的几张祖父母、外祖父母和亲戚的照片时会想，如果没有发生战争和大屠杀，她的生活会多么不同。她的父母会留在俄国，与他们两个家族生活了数百年的城镇密切相连。但他们搬到了纽约，薇洛讲着英语长大。

薇洛回想自己的童年时，还能看到父母给雪茄盒掸尘，或者在打烊时清点收入的样子，能闻到母亲做的罗宋汤或者酸甜卷心菜的味道。她记得自己的大学时代和毕业发言。她想起自己的同学，她和其中许多人保持着联系。她回想起一位老师，那是一位教社会学的法国女性，这位老师激发了她的理想主义情怀，帮助她理解了专业道德的概念。

薇洛为自己遇到了索尔而心怀感激，他是她生活中一贯的好人。她懊悔自己在婚姻生活的大部分时间里是个忙碌和心不在焉的妻子。但现在，她正在弥补失去的时间。她觉得他们的婚姻更稳固了，而且比以往任何时候都更美满。跟帕金森病打交道使得他们更从容，也更有感恩之心。她为能与索尔共度人生而感到荣幸。

不过，薇洛最大的骄傲来自她的专业生涯。一想到她帮助顾客找到住所、医生或者工作的时光，她就感到快乐。她珍视对鲁比、迈伦和其他许多顾客的记忆。她回想起自己最喜欢的员工和她指导过的女性。她记得节日聚会，当时她买了比萨和苹果酒，所有人随着古巴音乐而舞动起来。

她知道，她带领自己的机构度过了艰难时期，显著改变了纽约的长期精神病患者的生活。她想："我的母亲和父亲会为我感到骄傲的。我尽最大努力把我在这个世界上生活的一席之地变成了更美好的地方。"

* * *

在奥斯汀，西尔维娅以悲伤与骄傲交织的心情回顾了自己的人生。她的父母是生活中没有多少享乐的佃农。而她读书时成绩优异，跃入了中产阶层。她真希望父母享受过她和刘易斯享受的乐趣。他们带莉诺去墨西哥湾的帕德里岛旅行，有一年开车去新奥尔良参加了狂欢节。他们一起品味美食、享受乡村音乐、感激邻居和教友的善意。

西尔维娅最大的懊悔与莉诺有关。莉诺曾经可爱而乐观，似乎命中注定是个快乐的孩子。西尔维娅保存着她所有的运动奖杯、作文和艺术作品。然而，现在回忆莉诺是件五味杂陈的事。西尔维娅一想到女儿就心痛。她对莉诺的感情错综复杂——愤怒、恐惧、悲伤和强烈的母爱兼而有之。

西尔维娅庆幸她和刘易斯有外孙和外孙女。孩子们给了他们喜悦、与莉诺的关联感和使命感。她为自己和刘易斯抚养孩子们的方式感到骄傲。她每周节省一点钱，这样有朝一日他们就可以去度假。她希望自己和刘易斯能活到把马克斯和格蕾西抚养成人。晚上睡不着的时候，西尔维娅就为莉诺祈祷。如果莉诺回家来，他们会接纳她。她是家庭中的一员，“家庭”对西尔维娅来说是个神圣的词语。

* * *

当红头发的埃玛感到孤独和悲伤时，她有一种借助于过往记忆的策略。她这辈子每当身在美丽的地方，就会想：“我要封存这一刻的记忆，永远不忘。”如今，每当日子不好过的时候，她就可以拿出那个储存着记忆的瓶子，畅饮一口黄石公园或者太平洋。

* * *

与朋友和家人共处的漫长历史，使我们能够给他们当下最需要的爱。我记得我丈夫唱着《教导你的孩子》（*Teach Your Children*）和《家乡的青草地》（*The Green, Green Grass of Home*）的22岁长发音乐家时的样子。我能看到他是新生儿的父亲、精神健康诊所负责人以及马拉松选手时的样子。看着在我家起居室里玩填字游戏的吉姆，我能想象这个头发花白的男子的所有人生阶段。我们共同生活了45年，我知道什么会让他快乐、愤怒或者悲伤。因为我知晓这一切，所以我能在他情绪低落时让他哈哈大笑或者安慰他。

我弟弟给我讲过一个故事，说的是一个裁缝想去拜访新教皇，他的小教区凑钱送他去了罗马。这个小教区的故事和这个人经历的漫长旅程令教皇大为感动。他与裁缝单独交谈，他们谈了相当长的时间。这个人回到他的小镇时，教区为他接风洗尘，向他打听新教皇的情况。他只有一件事可说："教皇穿的是44码中号。"

我们看到的不是世界的本来面貌，而是我们自己。如果我们愤怒而怨恨，那么无论我们望向哪里，都能找到敌对的迹象。如果我们满怀信任，就会寻找善意的证据。成长需要我们不断拓宽自己的视野。我们起初是婴孩，只关注与自己相关的事。然后，如果我们正常成长，就会珍视家人和学校朋友的看法。成年后，我们可以继续拓展与自己认识的所有人共情的能力。如果我们好奇，不会只去寻找能证实我们最狭隘观点的证据，而是会努力地了解所有人和所有事。我们渴望通过最广阔的视角看世界。通过尽可能长远的眼光，我们可以体验感恩之心、智慧和人生的道德延续感。这强化了我们的身份特性，带给我们平静和关联感。

时间和道德想象力是人类精神的治愈妙方。一个夏日的午后，我参加来自塞拉利昂的穆罕默德和坦布的1岁女儿伊萨图的命名仪式。我是伊萨图的荣誉祖母，职责是给她一个祝福。大家从四个州赶来，聚集在城镇外的一个社区花园里。穆罕默德演奏非洲音乐。他的亲人用一种仪式化的温和方式宰杀了一头小山羊，然后把肉分给所有来宾。伊萨图身穿白色绸缎连衣裙，和其他孩子在树下玩耍。

我要离开的时候，穆罕默德给了我一颗可乐果，他解释说，在他的村子，这是所有仪式的一部分。可乐果象征生命、尊重和重要性。果子跟栗子差不多大，呈红棕色。他说，起初我可能不会喜欢那个味道，但要接着嚼，刚开始尝起来是苦的，随后越嚼越甜，再过一会儿，口腔里会感觉很清洁，所有苦味都会消失。他说，可乐果教给我们一件事：只要有耐心和毅力，许多不甜的东西都会变甜。我咬了一口果子，很想马上吐掉。但是，穆罕默德是对的。我嚼着嚼着，苦味消失了，我的口腔里充满清新感。我估计自己将来不会吃到太多可乐果，但我愿意记住这种体验。时间能拔去人生的尖刺，并且使之更加甜美。

如果我们不断成长，我们的关怀圈就会扩大，形成一种与所有生灵息息相关的深切感觉。我们会感受到一种彻底的共情。没有“我们”，也没有“他们”。在内心里，我们都一样。我的朋友琳恩称之为“深层的快乐”。环顾任何聚会，她都能对她身边的人们产生涌动的感恩之心。她在荒野中远足时，不断对所有美景和奇景感到惊讶。琳恩说：“我学会了对许多东西放手。我有时能把不确定性作为恩赐而不是可怕的东西加以接受。”

随着时间推移，我们许多人会变得更宽宏大量，更有能力去爱。我们可以温柔地回顾从前的时光，那时我们年轻，容易受到各种力量的伤害，而如今这些力量已经击不垮我们了。我们可以爱那个茫然的姑娘，呵护仍在我们内心里的那个孤独、脆弱和感到恐惧的姑娘。我们可以把这种爱向外发散，给予所有生灵。

第二十章
精心安排的幸福

“我们生活在宇宙的子宫里，万物都能帮助我们获得健康、快乐和爱。我们只是必须选择去留意周边无处不在的这种美。”

——乔安妮·弗蕾迪（Joanne Friday）

“老龄不是疾病，而是无尽的上升。随着力量消减，我们会朝着更光明的地方生长。”

——梅·萨藤

埃玛打算在湖边的一幢山间木屋中组织一次家庭聚会，以庆祝克里斯的70岁生日。她装好桃子和樱桃、面包和奶酪以及自己做的能量棒。她给克里斯烤了一个柠檬单层蛋糕，买了70根蜡烛。除了恐惧和希望，她还带上了棋类游戏、户外折叠椅和防晒霜。孩子们和他们的孩子要在同一个地方待两天，肯定会发生混乱和争吵。没错，确实发生了。

双胞胎中的一个走丢了，所有人都吓得要死，到处找她。爱丽丝与埃玛的大儿媳吵了一架：起初只是讨论在单日远足要吃的三明治里放蛋黄酱是否安全，后来演变成了有关谁更善于持家的含沙射影的讨论。在两个女人争论谁买的农产品更有机时，埃玛溜出了门。

她走到距离木屋大约一个街区的地方，躺在白杨树下的松软林地上。接触大地总能让她的情绪安定下来。她注视着白云掠过白雪皑皑的山峰飘向北方，做着深呼吸。她吸入冷静，呼出紧张。等她站起身的时候，已经定下神来，准备重新加入聚会了。

星期天下午，所有人聚集在晴朗的天空下。最年幼的孩子在水边玩耍，十几岁的孩子试着抓鳟鱼。成年人坐在折叠椅上，喝着啤酒，被彼此的笑话逗得哈哈大笑。克里斯在整理钓鱼线的时候弄湿了鞋和裤子。随后是更多笑声。

埃玛坐在靠边一点的位置，品味这美好的家庭时刻。她的大儿子分发爆米花和纸杯装的白葡萄酒。孩子们在湖边造塔。不成功但快乐的鳟鱼捕手们重新把钓钩甩入碧水中。就连两个吵了架的女人都在一起微笑。她想起自己高中时学过的罗伯特·弗罗斯特的诗句："你要爱，人世是合适的地方：我想不出还有更好的去处。"

突然之间，埃玛觉得空气中的离子发生了变化，她完全沉浸在了那一刻当中。她觉得自己身在宇宙中心。她感到一股纯粹而快乐的巨大力量在身体内涌动着。时间彻底停止，周边所有声音都逐渐消失了。空气中只闪动着埃玛只能形容为"幸福"的东西。

* * *

幸福、启示、敬畏和惊叹都代表着很难用寻常语言来形容的体验。事实上，我们只能用比喻的方式对它们加以形容。具体地说，如果处于敬畏状态，那么一切都成了比喻。

幸福如同性高潮一样，初次体验之后就来得比较容易。在那之后，我们知道可以使之再次出现。幸福时刻可能会在我们生命中随时出现，而随着我们变老，这样的时刻可能每天都会出现。当我是年幼孩子的母亲并且从事全职工作时，很少慢下来感受幸福。通常我都疲惫而匆忙，满脑子想的都是职责和家务。如今，生活比较放松了，我可以慢到足以珍惜身边发生的所有事。

敬畏给了我们一种不同的自我意识。我们感到渺小了、谦卑了，与其他所有人的关联增强了。我们不觉得高人一等或者自恋，而是属于人类共同体的一部分。

有些人很容易感到敬畏。我认识一些经常陷入这种时刻的女性。埃米莉·狄金森写道："人生如此令人惊讶，哪里有时间顾及其他。"

对另一些人来说，幸福来之不易。多年来，西尔维娅没有感受幸福的精力。她的生活全都是工作和压力。然后，一天晚上，不可思议的事情发生了。

这是一个平淡无奇的工作日夜晚。西尔维娅招呼大家过来吃晚饭。刘易斯坚持要马克斯穿上衬衫才能到餐桌边就座，马克斯气坏了，把一盘千层面推翻在地上。刘易斯立刻离开餐桌，到书房看电视去了。格蕾西哭了起来。西尔维娅把格蕾西的晚餐放在一个托盘里，安排她在刘易斯身边坐下。然后，她紧紧搂着马克斯，直到他平静下来。她吃完自己的千层面，收拾了烂摊子。

晚些时候，她去哄马克斯睡觉。他们读了一章《草原小屋》，然后跪在床边祈祷。他们都为莉诺祈祷，还祈祷明天会更好。当西尔维娅亲吻马克斯道晚安时，他摸摸她的脸颊说："外婆，您真漂亮。"

西尔维娅凝视着他的眼睛，意识到他说的是真心话。她又老又胖，还跛脚，但马克斯觉得她漂亮。她感到周身温暖，马克斯看起来就像光构成的一样。此刻的一切恰恰就是她最想要的。她知道自己再也不会有更美好的时刻。这一刻就很完美。

* * *

克斯特蕾尔这辈子的主要情绪就是担忧。她超级警觉，总是盯着别人，留意他们是否会以某种方式伤害自己。但是，在过去的一年里，伊夫琳的患癌和去世、全家团聚以及贝卡的善意改变了她。她有生以来第一次感到了放松。这是一种全新的情绪状态，所以她花了几个月时间才意识到并且确定下来。

回到西雅图之后，贝卡成了她生活的固定组成部分。她们一起参加活动、健身、做晚餐。贝卡批改学生的考卷时，克斯特蕾尔玩填字游戏。克斯特蕾尔认识了贝卡的家人。她甚至要去贝卡的母亲家参加家庭圣诞节活动。

12月初的一个暖和日子，贝卡打电话邀请她开车去红宝石海滩。路上，她们讨论了去吃圣诞晚餐的时候带些什么，还有在贝卡家搞一次没有酒的新年聚会的计划。她们中午抵达，分吃了烤鸡和梨之后，手拉手在海边散步，欣赏美丽的礁石。

克斯特蕾尔能听到海浪轻柔的拍击声以及穿过道格拉斯冷杉和红杉的风声。她能闻到带咸味的潮湿空气。下午的大部分时间，她们在海边漫步，欣赏礁石。太阳落山前后，她们发现了一块银色的漂流木，然后坐下来看海浪。

克斯特蕾尔抓着贝卡的手不放。贝卡与她握着手时，克斯特蕾尔的呼吸更慢也更深了。骤然之间，她意识到贝卡跟她一样，在努力找到自我，想要做个好人，想要感受到被爱。意识到这一点之后，她内心的保护墙坍塌了，就像老树皮从树上脱落一样。她觉得自己不但可以信任贝卡，也可以信任其他人。她不害怕了。

她沉浸在一种从未体验过的平静状态中。她不假思索地开口说道："我爱你。"

她们都哭了起来。

* * *

我们许多人发现了在最痛苦时感受幸福和敬畏的方式。我们的损失和悲伤促使我们寻求救赎。我们必须找到一种平衡绝望感受的情绪状态。强烈的个人痛苦有时能深化我们的灵魂，直至它们开放并接纳大美。

当我们敞开心扉时，我们会与所有经受过痛苦的人产生认同感和共情。我们不仅为自己祈祷，也为所有经受过痛苦的人祈祷。我们终于加入哀伤与损失、愤怒与恐惧的共同体。我们并非独自面对痛苦，而是与所有感受过痛苦的人紧密相联。这种体验催生了奇迹。

在完成索尔每月例行的帕金森病评估后，索尔和薇洛回到家时已经筋疲力尽。他们在横跨城市的车流中堵了一个多小时。出租车司机不停地抱怨和爆粗口，喇叭声和警笛声让他们原本就脆弱不堪的神经越发紧张。索尔的医生告诉过他们，索尔正在逐渐丧失力量和肌肉控制。他建议索尔只吃糊状食物，因为他喉咙里的肌肉越来越软弱无力，吃牛排或者苹果的时候很容易噎到。索尔和薇洛听到"糊状"这个词时都皱了一下眉。

回到他们美丽而安静的公寓是种解脱。索尔坐在他还能坐下去和站起来的一把椅子上。椅子朝西摆放，以便他能看到日落，但今晚在下大雨。

当晚，吃晚餐的时候，索尔被一小片捣碎的土豆噎到了。他满脸通红，示意薇洛，他需要海姆立克急救法。医生告诉过薇洛怎样做，还给过她一份说明，但她不记得怎样操作，也不记得把说明放在了哪儿。在这个过程中，索尔一直在哽噎。

薇洛吓坏了，恼火自己的笨拙。她跑到索尔背后，抓住他肋下的部位，用尽浑身力气摇晃他。一块食物从他的嘴里喷出来，越过餐桌落在她的椅子上。索尔还在哽噎，但喘上了一口气，然后又喘上一口。他们都哭了起来。太险了！他们以前从没那么害怕过。

哭过之后，他们不想再吃晚餐了。他们隔着盛满饭菜的盘子对视。过了一会儿，薇洛收拾完餐桌，扶着索尔进了起居室。她点上几根长长的白蜡烛，放起了拉威尔[①]的音乐。雨继续下着，发出响亮的啪嗒声。然而，美妙的音乐和烛光给他们带来了一丝平静。

索尔拉着她的手说："我哽噎的时候很害怕，因为我没法呼吸，但我不怕死。我和你一起过了非常美好的一生。上帝摁下停止键的时候，我会准备好的。"

薇洛望着他睿智而和善的脸。他真是个绅士，那么博学，那么想让她高兴。她说："我一分钟都不愿意错过我们在一起的生活。干杯。"

---

① 莫里斯·拉威尔（Maurice Ravel），法国著名作曲家、印象派作曲家的最杰出代表之一。——编者注

* * *

幸福是一种启发性的体验，随之而来的是接纳和平静的美好感觉。喜悦和感恩是这种体验的一部分。我们同时怀有世界上最强烈的悲伤和最极致的快乐。我们体验现实的双重性质。恐怖分子破坏了法国尼斯的步行道之后，我的朋友简说："我们生活的世界那么美丽又那么凄凉。"

幸福显得既与平凡现实迥然不同，又更加真实。就像我们的眼睛一旦除了翳，就能看得清清楚楚。在更宏大更纯粹的现实当中，我们的防备心、虚荣和烦恼都消失了。我们在普通意识中错过的美就在我们身边闪闪发光。我们骤然领悟，深感敬畏。

并非所有人都会在变老的过程中体验到幸福，但何时寻找幸福都为时未晚。正如日瓦戈医生在很久以前教给我的那样，只要我们找，就能找得到。如果我们做出明智选择，就会获得幸福和喜悦。正如我的一个朋友所说："年轻时，我做爱或者跑马拉松会感受到幸福，但现在，我看着农夫集市上的西红柿就会有这种感觉。"

获得幸福的快捷途径之一是罹患危及生命的疾病。骤然之间，生命的甜蜜与悲剧展现在我们面前。当我们听说自己可能来日无多时，生命显得无比宝贵。

我的朋友杰姬已经接近与细胞癌斗争的终点。9个月前，当她拿到诊断报告时，是个充满生气的州组织负责人。她无法相信自己这么倒霉。她过着健康的生活，从没休过一天病假。起初，杰姬坚持在办公室工作，然后一度在家工作。但现在，她因为化疗和放疗变得十分虚弱，已经无法继续工作。

杰姬拿到诊断报告之后不久，她的独生女与交往几年的男友订了婚。在杰姬的治疗间隙，全家为新人举办了婚礼。就在那一天，杰姬成了健康的女性。她把椅子搬出来，在门口欢迎所有人，仪式期间站在女儿身边，与亲戚唱歌跳舞，后来还帮忙清理碗盘。我对杰姬的行为并不感到惊讶。无论发生什么，她在女儿的婚礼上都会那样做。

9月初，杰姬过来在湖边小坐。她缓慢走向长椅的时候，我注意到她是多么瘦弱。她说，由于癌症，她不断发生骨折。尽管她讨厌止痛片，但还是要定期服用。她知道自己应该吃东西，但食物令她感到恶心。

我们坐在夕阳下，逆着光沿着草地向西望去。三角叶杨的金色和绿色树叶在我们头顶唰唰作响。不远处，渔夫在放线，小船从我们身边划过。

我们坐在那里欣赏田园风景时，她告诉我，她经历了哀伤的所有阶段。起初，她很震惊，她只有50多岁，还想再工作20年。她还很愤怒，因为女儿将会无父无母。杰姬问，为什么要死的是她，而不是作恶的人或者求死的人?

杰姬热爱生活，但频繁的化疗和放疗对她造成了伤害。她在尝试痛苦的实验疗法，这些治疗使她疲劳而糊涂。她的情绪很难控制，但她坚持从尽可能积极的角度表述生活。例如，她女儿在过去的几个月里请了假。她告诉我，因为癌症，女儿陪她的时间比她健康的时候更多。

在这段时间里，杰姬经历了心痛与幸福。她病了，面临死亡，但她获得和给予爱的能力大大增强，感恩的能力也是一样。在患癌症之前，杰姬从未意识到有那么多人深爱着她。她是个独立的女性，害怕接受别人的关怀。但是，疾病教她同意别人帮忙的提议。她经常为自己获得的善意而感动得热泪盈眶。

当我和杰姬注视着逆光的草地和倒映在湖面上的云朵时，她在寻找魔力。她需要这个。燕子在我们周围俯冲，栅栏上一只百灵鸟对我们唱着美妙的歌曲。杰姬深呼吸，用手臂横扫过这片风景。她背诵了自己最喜欢的薇拉·凯瑟（Willa Cather）的诗句：“化成一种纯然的完整和美好——这就是快乐。”

我们都不知道自己何时会死去。不过，对我们所有人来说，结果都一样。我们想让每一天尽可能地具有启发性。我们都可以精心安排幸福。静修中心和其他帮助人们断瘾或摆脱痛苦的场所往往都坐落在安静美丽的地方，这种美成了治愈良方。

启发往往源自随着关注而扩展的小体验。启发带来更多启发。我们获得它的方式可以是在公园漫步、观赏阳光下熠熠生辉的红枫，可以是在教堂做礼拜、在卧室祈祷或冥想，也可以是与朋友开怀大笑。我们可以通过凝视至亲至爱的面庞体验它。如果认真去做，这些可能就像救赎。

在内布拉斯加州，体验这种幸福的一种方式就是趁沙丘鹤3月大、迁徙期间停留在普拉特河沿岸的时候前去观赏。50多万只鹤日落时盘旋着降落在河面上，天空中回荡着它们的叫声，那是一种你觉得自己出生前就听到过的声音。

每年春天，我的庆祝方式就是前往罗保护区（Rowe Sanctuary），在普拉特河沿岸的隐蔽处度过傍晚。这些鹤在黄昏刚刚过去的时候飞落，在银色的河面上形成岛屿。飞鸟遮天蔽日，它们的叫声盖过了其他所有声音。整个世界仿佛都是由鹤构成的。

每一年，我都会经历最好的鹤之年。因为我每年都会惊叹，而我们无法解析惊叹的原因。当前的惊叹之所以显得最美妙，只不过是因为它发生在此刻。

有只三只脚的猫来我们的房舍，吃我们给鸟儿和狐狸准备的食物。我外孙第一次见到这只猫就哭了。它瘦骨嶙峋，一身癞疮，极有可能一直饿着肚子。它跑不快，很容易沦为猫头鹰、老鹰或者郊狼的猎物。不过，过去几年，它都幸存了下来。

今年冬天，在阴冷的一个星期过后，气温上升了3摄氏度，太阳出来了。我向窗外张望，看到那只三脚猫正在我们的车道上吃喂鸟的种子。饱餐一顿之后，它肚皮朝天地打着滚。然后，它给自己舔毛抓痒，显然因为躺在阳光下而感到极度幸福。我心想："我真想像那只猫一样欣喜。"

我们感到幸福不是因为我们完美或者没有烦恼，而是因为我们多年来已经睿智到能够偶尔活在当下。我们具备了欣赏事物本来面貌的能力。这种状态是人类最简单和最复杂的体验。不过，无论我们在何种处境中，都可以像沐浴着阳光的三脚猫一样生活。

所有伟大的真理都自相矛盾。我们都既在一起，又孑然一身。时间是一切，又什么都不是。人生是喜悦的，也是可悲的。好望角（Cape of Good Hope）和风暴角（Cape of Storms）在字面上和象征意义上都是同一个地方。在幸福状态下，所有矛盾都可以共存而不会造成紧张。起因和后果虽然存在，但很难说清哪个是哪个。一切似乎都相互关联，不可避免。

亲爱的姐妹们，我希望我们可以体验到幸福。我希望我们能感受到生活是多么宏大——我们的生活可以达到何种程度的激烈、喜悦、痛苦、复杂和美丽。让我们接纳一切。当我们行驶在最后这个充满暗流、流沙、清澈深水和银色日落的河段时，这可以拯救我们。

致　谢

如同有关人类体验的任何书籍一样，我想感谢一生中遇到的所有人。我与大家的所有互动都极大地影响了我对人类该为彼此和对彼此做些什么的看法。我遇到过的所有人，请你们接受我的谢意。你们都是我的老师。

我尤其想感谢我的访谈对象——埃洛伊丝·克勒夫科恩、萨莉·赫林、辛西娅·希施克、帕特·利奇、凯·扬、玛吉·曼格利茨、保罗·奥尔森、简·恩斯特罗姆、斯科特·斯沃博达、南·施魏格尔、珍尼娜·布雷、卡门·格兰特、格蕾琴、阿迪·戴维斯、芭芭拉·迪伯纳德、朱迪丝·吉布森、勒妮·桑苏西、戴安娜·“吉普”·里斯、戴安娜·洛弗雷多、霍莉·凯、琳恩·伊泽尔、龙迪·莱特马克、玛丽·卢·米坦、里奇·西蒙、雷吉娜·埃丁顿、弗洛琳·约瑟夫和葆拉·华盛顿。

我要感谢我的读者和助手——纳塔莉·奥尼尔、简·塞赫尔斯、奥布里·斯特赖特·克鲁格、玛丽·迪金森、金八谷、杰米·皮弗、萨拉·吉列姆、劳拉·沃茨和简·伊赛。光荣归于我的技术顾问约翰·吉列姆，尽管我的双手受损，而且缺乏电脑知识，但他让我坚持写了下来。光荣归于马隆中心的拉里·威廉斯、我的调查员卡门·格兰特和克里斯蒂·哈格斯海默。还要感谢我关于临终关怀问题的顾问珍尼娜·布雷。

非常感谢我30年来的经纪人和旅行向导苏珊·李·科恩，我最棒的编辑南希·米勒，还有布卢姆斯伯里出版社的工作团队，他们相信我，帮我驾船下水。

保佑我20世纪80年代以来的作家团体“草原鳟鱼”。他们陪伴我走过了人生之旅的每一段行程。

最后，要感谢我的家人，我的丈夫吉姆、儿子泽克、女儿萨拉、女婿约翰、儿媳杰米，以及五个孙辈——凯特、艾丹、克莱尔、科尔特兰和奥蒂斯。语言无法表达我对他们的感恩之心。他们使我的生活保持了正常。